大学職員のための人材育成のヒント

失敗事例から学ぶケースワーク28の視点

澤谷敏行
五藤勝三
河口　浩

関西学院大学出版会

はじめに

この『大学職員のための人材育成のヒント』の事例研究の契機になったのは、2006年6月の大学行政管理学会西日本支部の研究会でのことであった。当初何気なく人事の事例を紹介しあっている間に、いくつかのことに気がついた。それはX大学で通じる解決策が別の大学ではまったく通じない、それどころかむしろそのような解決策は事態を悪化させる。またその反対の対応事例としてY大学ではしてはいけない施策が、Z大学ではいまだに実施されている。

当時大学行政管理学会の理事であった関西大学の五藤勝三さん、甲南大学の河口浩さんとの3人でこの事例研究に取りかかった。自大学の事例では取り上げられる範囲が限られるので、西日本支部の理事に働きかけ、成功事例ではなく、できるだけ失敗事例を出してほしい旨を伝え事例を収集した。2006年9月の大学行政管理学会で口頭発表するために、3人で事前の合宿をし、これらの失敗事例を編集し、さらに分析を加えた。

その結果、矛盾するように思える事例は、大学の規模と制度の違いに主な原因があり、その制度が作り出した大学の文化の違いが、原因の背景にあることがわかった。その後3人で研究を続けるうちに、問題意識が深まり、新たな失敗事例を追加し、大学職員の管理職を対象に公表したいと考えるに至った。私たちは事例研究に際して以下のようなスタンスをとることになった。

たしかに文化的背景によって解決策が異なるとしても、職員の人材育成という目標は同じであり、制度やり方のみではない人事施策というものがあるに違いないと、まず仮説を立てた。突き詰めると、お金や昇進以外の、魂に訴える何か普遍的な動機づけを見つけようとした。私たちの研究は、制度に頼って対処しようとする傾向に対して、ポストモダン的な意識を育むような人材育成のあり方を探る試みとなった。

分析の原点は、制度とその周辺にある個々人の事情に"face to face"で対処すること。そして文化的背景を理解することにある。また個人の文化的背景の違いを分析するには、日本人同士が対象であっても、異文化間コミュニケーションの手法を用いて、思考様式、価値観、態度などの精神文化や、言語コミュニケーション行動、非言語コミュニケーション行動の行動文化、さらに物質文化などからくる偏見やステレオ・タイプを排除して分析することである。

この異文化間コミュニケーションの手法による分析では、様々な解決策を複数考え、優劣をつけないで並列に並べておく。したがって、納得のいかない解決策もあるはずだ。またある人には納得いく解決策が、ある人には納得のいかない解決策となるものもあろう。納得のいかない場合は、そのケースの文化的背景がどのようなものか推測することによって何か他の解決策が浮かぶのではと考えた。正解を求めるのではなく、多様な価値観から解決策を探るのである。このようなプロセスを経て、仮説にあげたポストモダン的な人材育成、人材の活用策が浮上するのではないかと考えた。

この冊子には28件の事例と複数の解決策が収められている。最後に別途掲載の2件に関しては、事例の紹介にとどめている。読者自ら問題を発見し、背景を分析し、問題解決を試みてほしい。読者自身が個人でもグループでも取り組める、シミュレーション課題である。さらに、自ら事例を発見し、事例を分析していただきたい。

　事例紹介にあたっては、外部に出したくない失敗事例をできるだけ包み隠さず、具体的に紹介するのを旨としたが、大学名や職場名、また個人が特定されると、個人情報保護、プライバシーなどの問題が生じるため、ありのままではなく、名称などは記号化している。それぞれの事例については、以下の３つの項目について複眼的な視点から分析し、コメントを加えた。
①この事例では、いったい何が問題となっているのか。
②その問題にはどのような背景があるか。
③どのような解決策が考えられるか。その理由は何か。２つ以上の解決策を提案する。
　この分析の方法は、異文化間コミュニケーションの手法を事例研究に応用したものである。多様な価値観を理解する上で、あえて正解を求めることはせず、大学文化の違いや様々な立場から考えられるものを並列に例示するという形をとった。人材育成に携わる皆さんが多様な失敗事例を参考にして、自らの問題を認識し、問題解決の糸口をつかまれたら幸いである。

　事例収集にあたっては、大学行政管理学会西日本支部の各理事から事例をいただいた。ご提供下さった各位に心から感謝申し上げたい。また本書の出版・編集に際しては、関西学院大学出版会及び編集部の方々に一方ならずお世話になった。ここに深く感謝申し上げたい。

２０１４年６月

執筆者を代表して
澤谷敏行

目次

目次

目次

Case 1

「責任は俺がとる」

……が、いざ事件が起これば責任回避に躍起になる上司

「責任は俺がとるから、細かいことは気にせず思いきってやってくれ」と言うZ大学の上司Iに巡り会った部下のCは、「よし、いい上司に巡り会えた。これからは思いきって、自分たちの考えている仕事をやっていこう」という気持ちになり、仕事への取り組み意欲が高まったことは言うまでもない。細かいところまで指示を与え、いちいち細部にわたって了解しなければゴーサインを出してくれない上司に比べて、「責任は俺がとる。思いきってやってくれ」と言ってくれるこのIは、Cにはすばらしい上司に思えた。

しかし、時として、その「責任は俺がとる」と言っていた上司のIが、いざ事件や事故が発生した時に、「私は具体的なことは聞いていなかった」「こんなふうになっているとは思いもよらなかった」等々と、責任を回避するためのもっともらしい理由を並べたて、責任逃れに躍起になるのであった。

✓何が問題となっているのか

I課長は、「責任は俺がとる」と言っておきながら、責任回避したことが問題。

✓どのような背景があるか

I課長は、日頃から部下と仕事上の議論をする度量がない。所管部署の業務の全容を把握する力がない。

また部下には良いところばかりを見せて、泥臭さを見せる覚悟がないなど、部下の業務を把握せずに管理職としての格好をつけたがる傾向が強い。

✓2つ以上の解決策をその理由とともに提案する

・「俺が責任をとる」とは言わないようにする。行動科学論や人間関係論の諸説を持ち出すまでもなく、人間は誰しも人から信頼、期待され、何らかの事柄を任されると、人から言われなくとも自らの責任と覚悟をもって自主的に任された事柄をこなそうとするものである。現実の職場ではテレビや映画のドラマのような格好良さは誰も求めていない。上司（管理職）として、いかなる状況であれ最後まで本気で責任をとる覚悟がないなら、決して軽はずみに「俺が責任をとる」と口にしてはならない。

・I課長は部下のCの行動や仕事の進捗状況を把握するよう心がける。また部下Cにタイミングよく上司Iに対して「報告」「連絡」「相談」させることを徹底する。

部下に「細かいことは気にせず思い切ってやってくれ」と言っても、適時・的確に「報告・連絡・相談」を要求することを忘れてはならない。さらに管理職は部下の仕事・行動を把握することが必要。それがなければ、適切な指示・判断を行えない。なお、最近、企業や官僚の不祥事が相次いで起こっており、テレビの記者会見では責任者が深々と頭を下げて謝っている光景をよく目にする。社会全体がこのような風潮になってきているようである。あたかも不祥事が起きたときの要員として管理職がいるかのようである。管理職の責任は、事件・事故処理の段階になって出てくるものではなく、普段からそのような事件・事故が起こらないように部下を教育することに責任を担うべきである。頭を下げるだけでない上司の責任のとり方、管理職のあり方を模索しなければならない。

Case 2

「給与に見合う仕事をすればいいよ」

抜擢された課長の行く末は……?

▼▽▼管理職とは

X大学の人事制度では長年、30歳で係長補佐、35歳で係長、45歳で課長補佐、50歳で課長を目安としたほぼ完全な年功序列で行われてきた。しかし、最近は職員の高齢化が進み、大学全体に活気がなくなってきたことや、能力主義や成果主義といった社会の流れに押されて、そろそろ若手職員の登用をやってみようというように変わってきた。

3年前、Aさんは熱心で真面目な勤務態度が評価されて、X大学の慣例を打ち破って、44歳で課長に抜てきされた。Aさんは、自分は大学から期待されていると内心誇らしく思っていたし、これまで自分が思い描いていた理想の上司像を、いよいよ実現できる時が来たと張り切っていた。なぜならAさんは他の課長に対して、「どうしてこの人達は積極的に仕事をしないのだろう? 定時になったらどんなに部下が忙しく仕事をしていてもサッサと帰ってしまって、無責任きわまりない。自分は絶対、こんな上司にならないぞ」と思っていた。

しかし、最初の給与明細を見たとたん、愕然とした。直前の職階である課長補佐時代にくらべ、手取りが6万円以上も下がっている。年収換算にすると80万円近くの差になる。Aさんは、部署の異動はせず昇格しただけだったので、仕事の内容は課長補佐時代とまったく変わらなかったが、「課長としての責任」

のようなものを求められるようになった。この「課長としての責任」とはやっかいなもので、業務内容としてハッキリしたものがあるわけではない。実際には、部下への指示やフォロー、他部署との調整など気を使うだけで結果の出ない仕事ばかりが増えた。しかも仕事がはかどっていない部下に付き合うため、以前より残業時間は増えていた。しかし、課長以上は管理職であるため残業手当は一切つかない。役職手当は倍増したが、残業手当に相当する分を埋められるほどはない。Aさんは、給与明細を見るたびに割り切れない気持ちになるが、これまで課長の誰もが文句を言ってこなかったのに、自分が課長になったとたん、率先して文句を言うのもどうかとずっとモヤモヤしていた。

目先の損得を考えず、期待に応えられるように一生懸命やろうと思っていたAさんは、課長になって3年目頃から「給料に見合うだけの仕事をすればいいさ」と思うようになった。

✓何が問題となっているのか

課長になって給与の手取り金額が下がったこと。

✓どのような背景があるか

せっかく若手を登用しても、それを支える制度が整備されていないため、むしろやる気を削ぎマイナスの効果を生み出した一例である。現行の給与体系で超過勤務をすれば、一般職や係長が管理職の給与を追い越すことになってしまうこと。ある大学では主任の年収が、管理職のみならず職員のトップである部長や理事の年収を追い越してしまっているケースがある。背景には超過勤務制度と役職手当のバランス、もっといえば給与体系そのものに不合理な部分があるのではないか。

✓2つ以上の解決策をその理由とともに提案する

・給与制度の変更、役職手当を上げ、管理職の職能に見合う給与に給与体系を改める。

・上司が「若くして管理職になったのは、大学の将来を担う人材として期待されている。管理職みんなが通った道だから我慢して経験することが将来につながる」と説得する。なお、それでも考えが変わらないならば管理職者としての任用を解く。なぜなら管理職としての資質に欠けると考えられるから。

給与の多少だけで仕事に対する意欲を失う姿勢は管理職として失格。管理職は常に先頭に立って部下を引っ張り、経営目標・部署の目標を実現していくという意識・意欲が求められる。なお、管理職の適性を評価し、降任をさせる、あるいは本人から降任を申し出る制度の導入を考えることも必要である。

Case 3

管理職失格

新任課長の不安と心配が昇任の喜びと自信を打ち消す

▼▽▼管理職とは

X大学のBさんは、初めて管理職になって新しい部署に異動した。所属の部下が思うように動いてくれない、それどころか自分の方針さえも蔑ろにする者も出てきたが、昇任した喜びが大きく、その時は管理職への不安や心配はあまりなかった。そして管理職として試されるのはこの時であると前向きに考えて対応した。1人の部下と相性が悪く、言うことも聞いてくれない。管理職と相性の悪い者はどこかに異動してもらうのがお互いのためだと考え、その部下を異動させた。しかし、その部下がいなくなると仕事面で困ることが多くなった。そして、なぜ部下が自分の方針に従わないか、なぜ部下の心を掴むことができなかったのかを振り返ってみると、自分自身の指導力のなさを感じ急に自信がなくなった。そして自分自身の実力のなさを感じ、不安から管理職を降りたいと考えるようになったのである。自分は管理職に向いていない、管理職不適応、挙げ句の果てには管理職失格だとまで考え管理職を降りたいと思うようになった。

やがて悩んだ末に自分が管理職を降りたり、部下を異動させたりするのはよくないと考えるようになり、管理職としての自らの行動を振り返った。自分は部下の意見に耳を傾けているか、自分の判断に独断はないか、自分は仕事を部下に丸投げしていないか、部下にすべての責任を負わそうとしていないか、部下の仕事のミスはどのように指摘すればいいかなど、そう考えていくと管理職は大変なエネルギーを部下の育成にかけなければならないものだと改めてわかってきた。自分のイメージしたやりたいことができる管理職像とのギャップは大きく、管理職は大変な仕事であると思え、Bさんはますます管理職になったのは失敗で、自分は管理職失格だと思えてきた。

✓何が問題となっているのか

組織として求められる管理者像が理解できておらず、何をもって管理職失格と考えるのかが不明確である。

✓どのような背景があるか

管理職者は部下の育成のみではなく、人事管理、財務管理、業務管理をもしなければ務まらない。そのためその部署の業務にも精通する必要がある。本人は人事異動で新しい部署の業務を十分理解していなかった。管理職として業務遂行上の知識が不十分であり、知識や前例など職場の雰囲気を十分理解していなかった。本来、昇任は奨励、励まし、自信をつけさせる意味を含めた人事でもある。しかし、今回は結果として、本人の喜びを打ち消して、自信をなくさせてしまった。新しく課長になると、会議では管理職としての発言を求められたり、職場でのリーダーシップを求められたりして、否が応でも管理職を意識させられる。管理職としての過剰な意識がプレッシャーとなり、実力を発揮するに至らないケースが起こり得る。

✓2つ以上の解決策をその理由とともに提案する

・部下と面と向かって率直に話し合い、意思疎通を図る。
・管理職研修を受講する。特に相性の悪い部下をどのようにして取り込むか、また現職場で管理職としてなすべき役割などを勉強する。

管理職として自らの方針についてその内容、背景等を具体的に部下に説明の上、議論し理解させることが重要。対立する意見を述べる部下がいてもそれを受け止め、説得するだけの度量と説得力を習得する努力を怠らないこと。

部下にはいろいろなタイプの者がいる。それぞれに適切な指導・助言ができ能力を向上させる方法を身につける努力をする（「育成カルテ」を作成することも一法）。

Case 4

人事考課できない管理職

マイナス評価のフィードバックをどうするか?

Y大学では、能力主義人事制度を採用し、人事考課を実施している。考課結果は点数化しており、その結果は本人にフィードバックしている。もちろん人材育成を基本とした制度の一環である。この人事考課は数年前までは非公開で本人には知らせていなかった。H課長は、本人に知らされていなかった時代は、考課者の中で最も厳しい評価点をつける人であったが、本人にフィードバックすることになったとたん、誰よりも高い評価点をつけていることが明らかになった。どの考課者も平均すれば少し評価は甘くなったようだが、H課長のような極端に変化する者はいなかった。考課者訓練の研修を行ったが、このH課長に関しては何の効果もなかった。考課者として失格、管理職として人事管理を任すことができないと判断したが、この大学には課長を降任する規定がなかったため、そのまま課長を続けることとなった。考課された部下は正確な業績評価ができないため昇任・昇格に不利益などの影響が考えられる。

✓何が問題となっているのか

人事考課を公正に行えない管理職がいるが、規定上、降格させることができない。管理職間でマネジメント能力に差があり、公正な人事考課がなされないため、一般職の不満ややる気をなくさせる可能性がある。

✓どのような背景があるか

これまで人事考課制度を導入していなかった時代、管理職として部下に甘いことのみを言っていられる時代に育った管理職が、人事考課をどのように活用したらいいか理解できていない。たとえば、本人へのフィードバック時において本人へのメッセージとしてどう伝えるかが理解できていない。部下に対する日頃の態度と部下への人材育成の気持ちなどがうまく表現できなければ、人事考課の点数のみでは本人を納得させられない。

✓2つ以上の解決策をその理由とともに提案する

・各職場の管理職が人事考課でのフィードバック面接をどのように活用するかを研修する。

・第2次考課者を設け、全体の考課結果を修正する。

・人事考課の目的、重要性を考課者訓練によって何度も確認、理解させることが重要。しかし、それをしても効果がないのであるからこの管理職は考課者としては不適格である。単なる業務リーダー（専門能力があれば専門職）としての処遇を行うことも考える。

資格制度を採用する人事制度でも、昇任基準を満たさないならば降任は行うべきである。管理職として人事管理、財務管理、業務管理の3つができないならば、1つのみ、たとえば、業務管理のみをするコースがあってもいいかと思う。管理職から一般職への道を選択できるように制度設計すればいいのではないか。

大学文化創造の素

現在の私立大学の成功事例は、欧米の大学のノウハウを導入しているケースが多い。大学運営、留学生政策、授業評価システム、成績評価（ＧＰＡ）システムなどの原型は、欧米由来である。そしてそれらをわが国固有の私学の制度や文化に溶け込ませて、運用している。決して外国のシステムをそのまま導入しているわけではない。それらは私学の新しい文化創造に貢献している。そして導入に成功した国内の大学の事例が参考となり、さらに他の大学に導入され、そのエッセンスがさらに他の大学に伝わり、また新しい文化創造につながっていく。新しい学部学科の設置に際しても、先進大学をモデルとして、それぞれの大学の規模や専門分野など固有の状況に合わせたものに選択・翻訳され、創造されているのが実情ではないだろうか。たとえば学部学科の新設では文部科学省での設置認可までに、事前相談から他大学の情報を得て参考とする場合も多い。オリジナルなものを目指したとしても、結局のところ、過去のものの組み替えでしかなく、何らかの「文化の翻訳」、コピー文化に陥っているといっても過言ではない。しかし、そのエッセンスをどう選択・翻訳するかによっては、オリジナリティを発揮する、新たな文化創造の可能性を十分にはらんでいるともいえる。私立大学は、このような新たな文化創造の作業を通じて、自大学の建学の精神の具現化を図るべきものではないか。

平林（１９９９）によれば、「文化の翻訳」というのは、仮にA文化をB文化に翻訳が可能とする場合、A文化を記号・コード化するという作業を通じて言語化し、A言語を介してB言語に翻訳し、B言語からB文化に解読するといった、さらなる作業を通じて「文化の翻訳」ができるというものである。要は直接A文化をB文化に置き換えることができないので、自らの言語を介して置き換えざるをえないのである。この作業の過程でAとBの大学の文化の相互浸透が起こり、受入れた大学に新たな変化が生じ、新しい文化創造の素ができるということである。

私立大学にはそれぞれ建学の精神があり、それぞれ固有の文化をもっている。それ故に他の大学のプログラムをそのまま自分の大学に採り入れることができるとは限らない。しかしそれでも、他大学での成功事例を何らかの形で自大学に生かす方法を模索することはできる。その教育プログラムのエッセンスのみを採り入れ、自大学の文化の中で成長させるといった具合である。まずは大学の文化創造へつながる素を見出すことから始めたい。

参考文献

平林美都子『「辺境」カナダ文学――創造する翻訳空間』彩流社、1999年。

Case 5

格付け審査の不公平さ

評価されずに格付けされる管理職

X大学では、これまでの年齢給体系から6段階の職能資格給制度を導入することに関して、労使協議会を設置し、数年間にわたる議論を重ね、いよいよ制度を導入することになった。その際、最も困難な課題の1つは旧制度から新制度への移行時の格付けの問題であった。資格の格付けを行う際に、役職者全員を対象に再評価し、それに基づいて格付けを行うのか、それともそのまま対応する資格に格付けるのか、という問題である。

具体的にいうと、課長補佐は「副主査」、課長は「主査」、次長は「副参与」、部長は「参与」という対応関係にあり、これを制度導入に際して一から審査を行って格付けるかどうかである。結局、種々検討した結果、審査をしないで対応資格へ格付けた。

このことに関して、若手職員から声が上がった。「今度の制度は絶対おかしいよ。今まで、ろくに評価もされていないでJ課長がそのまま主査の資格に格付けられている。本当に資格基準を満たしているのか、評価をやり直すべきだ」。

たしかに、年功序列で管理職に就いた者がそのまま対応資格に格付けられたのに対して、このような声が上がるのは当たり前かもしれない。このことは、新しい制度に期待を寄せる、やる気のある職員にとっては受け入れがたいし、制度全体に対する信頼性にも影響を与えかねない。しかし、いったん発表した格付けを変更することはできないので、人事課ではこのような意見に対して対応しないことにした。

✓何が問題となっているのか

新制度への移行に際して、役職者の格付けにあたって資格基準の審査をしなかった。

✓どのような背景があるか

審査をしなかった理由は、導入する人事側が、管理職者の既得権を守ることが必要だと考えたからであろうが、年功序列で管理職についた者がそのまま格付けされたことが、職能資格制度の導入趣旨と矛盾した。問題のJ課長は、制度導入以前から課長としての評価が問われていた。

✓2つ以上の解決策をその理由とともに提案する

・格付けされた管理職への不満をアンケートなどで収集し、再度格付けをやり直す。

・資格の格付けはそのままとし、別途、役職者任用に関しての基準を作り、再審査し、不適任な役職を解任する。今回の制度が役職者の管理運営能力を問題としているから同じ資格から任用、解任ができることを明確にすればよい。

・格付けに際して、移行措置として、仮格付けをするなど慎重な手続きを踏み審査の機関を置くべきである。

新しい人事制度を導入するときには、公正で、公平な評価、処遇が行われているということを示すことが最も重要であると思う。制度の信頼性を獲得するためには、導入時の取り扱いには細心の注意が必要だ。

Case 6

人事制度の運用を巡って

文言通りにするのが運用？

人事課の課長代理D（34歳、男性）は、人事課のホープである。彼は企業から転職し、人事課配属となった。入職後一般職の中で頭角を現し、いち早く昇格し、課長代理に任用された。Dは失敗が少なく、ミスは一度もしたことがないという人物で、早く課長代理となったのは、人事考課の評価結果が特別に良かったためだと聞く。Dが入職した頃に新しく導入した職能資格制度も、ようやく定着しようとしていた。しかし、大学環境が急速に変化し、急に教務、学生、国際、情報、教育研究などを大括《おおぐく》りとする組織改編が起こり、組織改革が行われた。そして小さな事務室が機構事務部に収容された。学生機構事務部はもともとあった4つのオフィスを統合して設置された。全体として職員数は50人を超す大所帯となったが、もともとのオフィスの年齢構成、監督職の不在など、職場ごとに人員構成のバランスは偏っていた。機構事務部全体では、一般職20名、課長代理1名、課長3名、次長1名、部長1名となった。一般職の年齢構成は20～30歳代と比較的若い層となっていた。そして8カ月が経ち、その年度の人事考課が行われることとなった。昨年までの人事考課のやり方は、課長代理が一般職を第1次考課し、課長が第2次考課するというものである。課長代理のいない職場は、第2次考課のみということとなっていた。機構事務部は、課長代理は1名で、課長代理から自らが担当する部門以外の業務に従事する一般職を人事考課するのは無理であるとの申し出があった。そこで課長代理のいない各部門は、昨年通り課長が第2次考課をすることになった。

しかし、機構事務部となり、同じ部署内で課長代理のいない部門の一般職は、課長の人事考課のみで評価されるのは、機構事務部全体としてバランスが悪い、絶対評価の担保に疑問があると、E次長が考えた。そこで課長代理のいない部門の課長が行う考課を第1次考課とし、第2次考課を次長が行うこととし、すべての一般職は2次考課まで行うこととした。このことを知ったDは、目上のE次長に対して「人事考課の実施要領では、課長は2次考課者なので第1次考課をしては困る、そして課長代理がいなければ、第1次考課はしなくてよいと実施要領に書いてあるでしょう」と上から目線で非難した。それでE次長は、「それでは、あなたが考える制度の運用とは何ですか」と尋ねたところ、Dは、「実施要項に書いてある通りに行うことである。そうでなければ不公平になるので困る」という答えが返ってきた。E次長は、この大括りとなった組織改編の中で、ある意味で優秀な人事課のDが言う「実施要領に書いてある通りに行う」ことで本来の主旨が生かされるのか、そして本当に実施要項通りが公平なのか、そして、今回のように機構事務部がとった人事考課措置において、一体誰が困るのかという疑問と、何よりも高いところから現場を見下ろして、降りてこようともしないで指摘のみをするD課長代理に対して腹が立った。

✓何が問題となっているのか

・元々の制度設計に問題があり、第1次の課長代理の考課が省かれれば、課長の考課の第2次考課のみとなること。第1次、第2次の2回の考課の者と1回の考課のみの者が、同じ機構事務部内に生じること。

・人事課課長代理Dが人事諸制度実施要領を盾に従来通りの運用を守ろうとして、組織改編による現場の実情に合わせた運用を認めないことである。

・Dは、課長代理という立場からすれば、目上の上位職E次長の意見に対しては、上司に報告するなりして解決を図るべきである。生意気な態度を取っているように映る。

・実施要領のみに頼って運用しようとし、本来の人事制度の主旨を生かした運用ができていない。客観的に評価するという主旨から運用が遠ざかってしまっている。

✓どのような背景があるか

・人事考課制度を要員配置の実態を考慮せず、固定的に処理しようと考えている。

・制度導入時にはいろいろ考えて制度を作成したが、一旦導入してしまうと実施要領に頼り、元の制度の背景を考えなくなってしまい、本来の主旨に合っているかがチェックされなくなってしまっている。

・人事課職員が制度の運用を啓発しようとして管理職に意見を述べるのはよいが、変化する現場の実情を把握していない。現場の変化についていけていない人事課職員が陥りやすい点である。

✓2つ以上の解決策をその理由とともに提案する

・1次考課者、2次考課者を柔軟に運用できるようにする。たとえば、1次考課者は課長代理（課長代理がいない場合は課長）、2次考課者は課長（課長が1次考課を実施した場合は次長）とする。

・組織の改編など現場の変化に対応して、制度を柔軟に運用するために、改編のあった組織については、当該の管理職と人事委員会が制度運用について協議し、制度の主旨を踏まえ、実情にあった運用を考える。

・人事課で人事に関わる職員は、各現場の職場を訪問し、実情をまず把握した上で、制度の運用に支障がないかを検討し、その上で実施要領を作成する。一度作成した実施要領を前年度通りにそのまま活用するということはしない。

人事考課制度で重要なことは、公平、公正な運用が担保されていて、そのことを考課者、被考課者が可能な限り実感できることである。そのためにも考課者と被考課者の信頼関係が構築できるように制度を運用することが肝要である。

人事課員がいくら制度に詳しいからといって、制度を楯に啓発するといった上から目線で各職場の管理職に接しないこと。実際に人事考課を行うのが現場の管理職であり、現場の管理職が机上の論理の通りにはいかず苦労していることを思いやる必要がある。

人事考課は、人を育てるためのものであるという視点ではなく、職員同士を競争させ、給与や待遇を差別するためのシステムとして利用するものと誤解されてしまう傾向にある。それを各職員が自分を成長させるための制度だとみなす必要があり、それには人事課職員のみならず現場の管理監督者の理解が必要である。そして、現場こそがこの制度を活用して人材を育成するのだという意識を持つ必要がある。我々の大学が現場の管理職に奮起させるための人事制度の運用はどうあるべきか、我々の大学の文化、そしてそれぞれの職場の事情に寄り添って、１つ１つ運用を創意工夫することが重要なのではないだろうか。

Case 7

「やりたい人」より「やらせたい人」

研究オタクよりも実務熟練者

▼▽▼配置転換

Y大学では、自己申告制度を活用した配置転換を行っている。課長補佐クラスになるまでには、教育研究支援部門、学生生活支援部門、経営管理部門の3部門を経験することを基本方針としている。若手職員の自己申告では、教育研究に直接かかわる部門への配置転換を申告するものが比較的多い。近年では、大学の厳しい経営状況の中で労務管理を担う人事課への配置転換の申告者も少なくない。Dさんはそのような1人であった。人事課は大変な部署で、ときには退職する人、病気の人など、いろいろな立場の教職員とコミュニケーションを行わなければならない。大変な部課に配置転換を希望する職員がいることを知り、人事課長は「本学は大丈夫、意欲的な職員がまだいる」とうれしくなり、Dさんを人事課に配属した。しかし、Dさんは人事課に配属になると、そのような大変な人事課の仕事に積極的に取り組むという意欲はまったくみせず、その意欲は自分の好きな問題についてこっそり研究を始めることに向けられた。共済事業、年金問題、昇任昇格などの研究である。実際の現場で他の同僚先輩たちが多忙な業務処理にもがいている問題についても知恵を出し合って業務を処理するのではなく、現場から乖離して自分の趣味として研修し、それが現場にはまったく活かされない研究をはじめるのであった。人事課長は、Dさんのようなケースを3回も経験した結果、「人事はやりたい人より、やらせたい人」が基本であると悟った。

✔何が問題となっているのか

若手の配置転換に際してさまざまな要因を分析せず自己申告通りに行うと失敗する。

✔どのような背景があるか

適材適所、その人の適性をどのように見抜くか。これは難しい問題で、そのために自己申告制度を導入したのであった。しかし、本人の希望と職場が求めていることの間には大きなギャップがあるものである。外からの職場のイメージと実際の業務との間には少なからず違いがある。配置転換後のオリエンテーションと人材育成の教育が不十分であったかもしれない。

✔2つ以上の解決策をその理由とともに提案する

・人事課長がDさんとじっくり話し合い、人事業務を担当する意味などを理解させる。
・学内の人気部署は、課員は公募制とする。職場が求めている人材、このような業務ができる人などを公示して募集し、希望する人を対象に職場インターンシップを実施し、その結果で異動させる。ギャップを認識させる。

なぜ「人事課を希望するのか」「人事課でどういう仕事をしたいのか」を本人に面接して確認することが必要。その際に人事課で求められているもの（目標・課題・懸案事項等）は何かを本人に伝え、理解させることも重要である。自己申告制度をより有益なものにするため、あるいは人材のミスマッチを回避するためには、人事課としてどういう人材を求めているのか、具体的な要件、期待する能力を公開する必要がある。

Case 8

「玉突き人事」

臨機応変、でも理念も方針もない場当たり人事

▼▽▼配置転換

大学職員の配置転換の目的は、いうまでもなく職員としての知識や能力の幅を拡げ人材育成を図ることだ。しかしながら、時にはその目的とは逆の結果をもたらすこともある。それが「玉突き」異動である。

ある暑い夏の日の午後、Z大学のEさんは人事部長から突然呼び出された。「こんな時期になんやろ。別に呼び出されるようなことをした覚えはないけどなあ」と思いながら指示のあった会議室へ。中に入ると人事部長が笑顔で迎えてくれて「おおE君、突然呼び出してすまん。ところで仕事のほうはどうや。君がよくできるという話はK課長からたびたび聞かされているよ。教務課のホープらしいな」。「いえ、F先輩の指示に従って頑張っているだけですよ」（Eさん）。「まあ、そう謙遜しなくてもいいやろ。ところで、今日呼び出したのは、異動の話や。学生部のG君が急に退職することになって、その後任の引き受け手がどうしても見つからんのや。候補者がみんな断って、君以外にいないんや。どうしても引き受けてもらいたいんや。頼むわ」（人事部長）。

Eさんは、「はあ、でも僕は教務課に移って1年ちょっとしか経っていませんけど……」とその場では言ったが、人事部長の直接の要望を聞かないわけにもいかないので、翌日、しかたなく承諾した。しかし、何の理念も、人材育成の方針もなく、呼び出されて配置転換を言い渡されることにEさんの疑問は残った。

✓何が問題となっているのか

突然人事異動させられたこと。また退職者の臨時的対応策として配置転換する際、人材育成策や人事異動の手続きなどが不明確であること。

✓どのような背景があるか

予想できない事態に対処するには臨機応変な対応が必要である。配置転換をするときに、本人の了解を得て異動させるという慣例が職員間で周知されているならばそれでもしかたがない。しかし、突然引き抜かれる部署の問題などを考えれば、通常の人事異動時期まではそのままでいくべきである。しかしこの大学では中小規模大学であるため、職員数が少なく、配置転換の基準や取り決めがあっても実際に思うままにできない事情がある。

✓2つ以上の解決策をその理由とともに提案する

- 定期人事異動までは、突然の退職者の臨時対応として、派遣職員等の非専任による補充、他部署の専任職員が兼務する程度とし、行き当たりばったりで専任の配置転換を行わない原則を示す。
- 組織合併、小さな部課を少なくし、専任職員数の多い部を作る。そして各職員が多分野の仕事ができるグループ制などマルチタイプの組織運営をめざす。

人事異動の泣き笑いは、毎回よく耳にするところである。このような不公平があっていいものかと嘆く者もいるのも事実である。人気部署、不人気部署への異動、昇任人事など、不公平は付きものである。しかし、一喜一憂しているだけでなく、自分自身で気持ちを切り替えて、次の課題を早く見つけ出し取り組むことが今後の長い職員生活にとって、最も必要なことではないか。大学運営の効率化が求められている現在において、自分の能力を活かす視点のみでは成り立たない、大学運営にとって役に立つ職員を目指すことが求められているのではないか。

Case 9

見た目でわかる実力とわからぬ実力

実力（発揮能力）と保有能力のギャップ

▼▽▼配置転換

近年秘書は、「役員のために働く」という考え方から、「役員と共に働く」というように一種のブレーンのような役割も求められるように変化してきた。しかし、X大学では秘書業務に対する考え方は旧態依然としたもので、良い秘書の第一条件は「性格が良いこと」「育ちが良く、躾《しつけ》がきちんとされていること」としてきた。

女性職員Aさんは、言われたことを素直に聞き、裏表なく真面目にコツコツと仕事をするため、上司からの受けもよかった。また、卒業後すぐに大学に就職したが、今時の若者のように派手な服装をするわけではなく、言葉遣いも丁寧、他人の噂話などには興味関心がなく、井戸端会議などにはまったく参加しない大人しい性格であった。そんなAさんの性格と英語が堪能であったことが評価されて、就職4年目に秘書室へ異動となった。

異動した1年目は、新しい仕事に早く馴れるため、特に担当を決めず、秘書室スタッフ全員のアシスタント的な仕事ばかりであった。2年目は男性秘書の下で理事長担当となったが、日頃は男性秘書がすべて理事長と打ち合わせをし、Aさんは男性秘書から指示されてスケジュール管理や庶務業務を行い、ソツなくこなしていた。3年目からは男性スタッフが出張などで不在の場合、理事長とスケジュールの調整、事務連絡や報告等はAさんに任されるようになったが、Aさんは理事長とまともに対面すると、緊張して普通に話ができないことがわかった。事前に準備しておいたことは一方的に言えても、咄嗟に質問されたことには、わかっていても言葉にならない。また、Aさんは学内の動きに関心がなく、自分に向けられた言葉以外は聞こうとしないため、周囲の微妙な人間関係がよくわかっていない。そのため自分が聞いた言葉を、前後左右の状況に関係なくそのまま理事長や他の人に伝えて誤解を生じさせたり、それが原因でトラブルを招くこともあった。最近は他の秘書のように上手く話しができない自分は嫌われていると思い込み、理事長とはメモを通した形でしかコミュニケーションできなくなってしまった。実際の業務の中で発揮される才能は、一見してわかるものと同じとは限らない。

✔何が問題となっているのか

Aさんが対話式のコミュニケーションができない。

✔どのような背景があるか

秘書に求められる能力が変化しているにもかかわらず、秘書業務の本質が明確にできていない。そのため見た目の才能による人事異動が行われている。

本人の適応能力が不足、能力開発努力が足りないのではないか。人事異動が間違っていたとしても本人の努力で能力開発ができるところもある。

✔2つ以上の解決策をその理由とともに提案する

・本人の能力開発の機会を与える。たとえば、学外の研修に参加させ対話訓練などを受けさせる。

・上司が本人に現在の業務を続けたいかを尋ねる。他の部署で頑張りたいならば人事異動をさせる。また、人事異動の際に本人の自己申告を導入する。

理事長が秘書に求める役割、能力を本人に説明、理解させることが大事である。本人には秘書として期待されているものが何かを自ら考えさせる必要がある。

Aさんには、日常の業務の経験から自分に求められているものを理解させ、秘書としてのコミュニケーション能力を経験とともに向上させていく、向上していこうという意識を持たせることが重要である。

大学職員重層論

大学紛争後の1970年代初めから、教員と職員はよく車の両輪に例えられ、学内での役割は異なるが大学の構成員としては対等であると称されてきた。これが職員の「両輪論」である。しかし、実際には給与、権限、会議での発言権などでも教員と職員の差は大きく存在していた。特に1970年代の職員は、教員の管理下でのお手伝いさん的役割が中心であったというのが「お手伝いさん論」である。当時の両輪論は絵に描いた餅ではなかっただろうか。その後時代は変わり、大学行政管理学会初代会長の故孫福弘氏（慶応大学）が2002年8月に藤女子大学で行った講演では、様々な専門職員の出現を示唆している。学習アドバイザーなど学習支援専門職員、共同研究サポートマネージャーなど研究支援専門職員、資金運用を専門とする財務関係専門職員、訴訟問題、危機管理の知識を持つ法務官系専門職員などである。この他にも国際化支援、国際教育研究支援、情報処理、保健衛生管理、施設管理などの専門職員も考えられる。彼らは事務職員としては、従来の事務処理技術に加えて専門性を持っている。これを「ハイブリッド型専門職」と呼ぶ。職員の「ハイブリッド論」の登場である。さらに発展したのが、大学行政管理のプロフェッショナルと呼ばれる「アドミニストレーター」である。現在では、本来の事務作業に加え、これらの4つの役割を担う職員が共存する重層構造にあるというのが澤谷の持論である。つまり、単純作業などは近年アウトソーシングされてきたが、それでも作業的な仕事にしろ、教員のお手伝いさん的役割にしろ、現実にはなくならない。むしろそれが単純作業以上にコミュニケーションとしての意味を持ってきている。そしてハイブリッド型専門職の割合が増し、アドミニストレーターへの門戸も開きかけている。私立大学では、近年、職員から財務担当の副学長が選任されている。教員と職員、両者の関係は、いま主従関係でも両輪の関係でもなく、価値観、行動様式がますます多様化するなかで、直接の教育・研究は教員が行い、それを中心に職員が、その周囲を取り囲むように教育・研究の環境を整備するという大きな役割の輪が広がっている。その幅広い教育・研究の環境整備が職員の役割である。

学内での職員の地位や位置づけについて、これまでも何度も議論され確認されてきた。しかし、それは機能としての位置づけであってプロフェッショナルとしての地位の確認はされてこなかった。大学行政管理学会の目標とするプロフェッショナルな職員は、理論知識と実践経験の両方を同等に持ち合わせなければならない。いま次世代の職員の育成に向けて、学内にあっては大学行政管理のプロフェッショナルとしての地位が確立されつつある。

近年日本国内のいくつかの大学院で大学職員養成のためのコースが生まれている。しかし、これには難しい課題が伴う。1つには、大学院での研究内容と実際に勤務する日本の大学での実務とが乖離している点である。あるいは一流大学の事例のみを取り上げているのではないかという点である。受ける授業の内容が現場とどれほど接近しているか、いかに実践的で臨場感があるかということも大学職員養成には重要である。実践力を要請するという点では現在日本の大学院の授業は限定的といわざるを得ない。

大学職員の重層構造　（澤谷 2006.12）

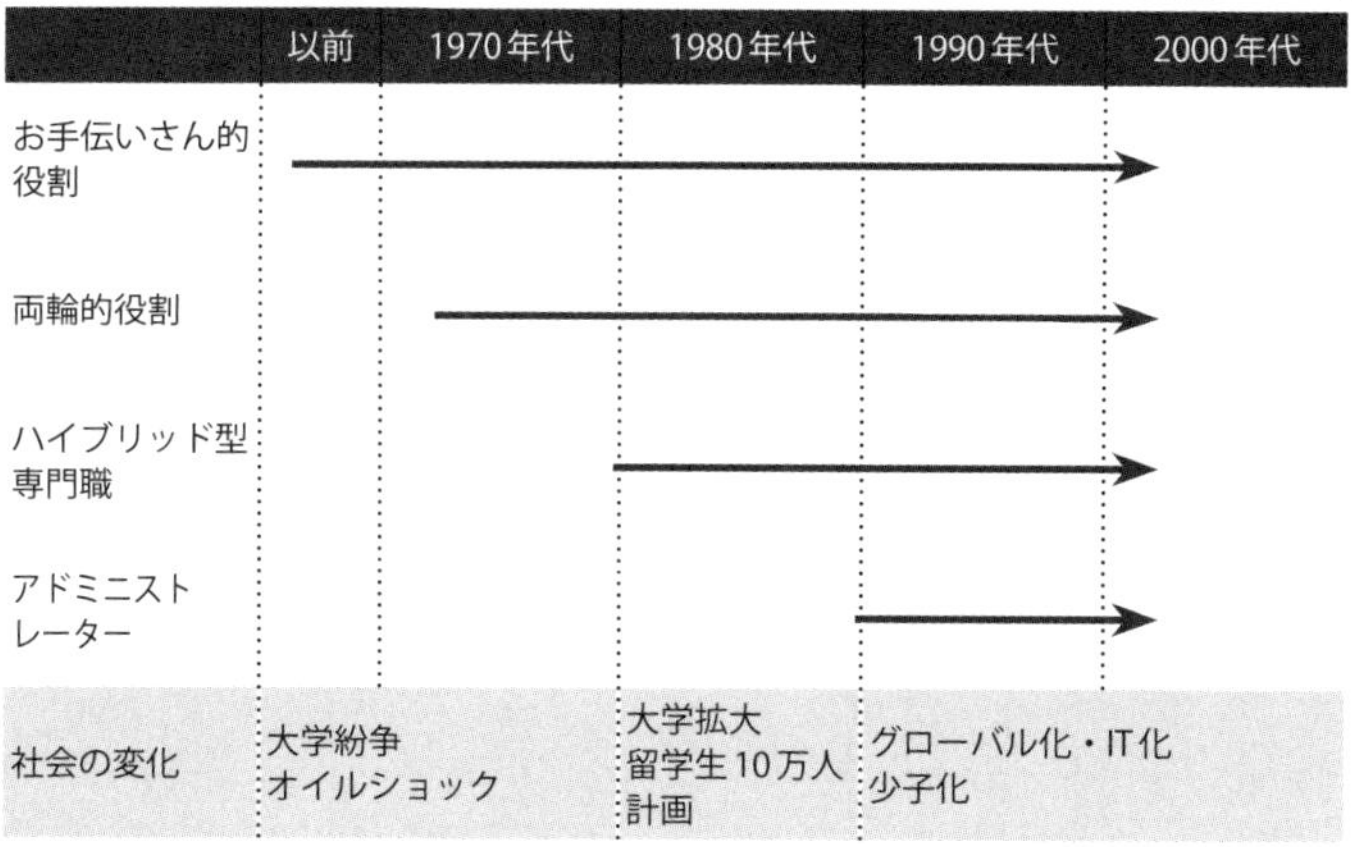

現場で起きている問題を大学院の授業で取り上げ、課題研究してはどうか。実践的なスキルと理論を結びつけた教育をすることが肝要であり、それには現場の職員が授業を担当することも必要かと思われる。

大学院での大学職員養成プログラムが実践度を増し、大学行政管理学会が専門職団体として機能すれば、大学行政管理の専門職の確立につながる。そうなれば大学院は学位プログラムと実践的研究機能を持つ研修機関として、専門職成立の条件が整うこととなり、次世代職員を作る1つの仕組みができあがることが期待できる。

Case 10

「自分で考えよ」、そしてまた叱る

仕事はすべて教えてもらうものか？

▼▽▼新人職員教育

新人女性職員のBさんは、Y大学卒業でY大学の学部事務室に配属となり、大学院事務担当となった。素直で明るい女性で、学生、教員との対応にも好感が持て大変有望な人材として期待された。当初は毎日、大学の先輩で40代男性のM係長に仕事を教えてもらいながら仕事を覚えていた。M係長は業務に精通していたが、細かなことでも間違いがあるとネチネチいうタイプでもあった。数カ月後に突然その係長との関係が険悪となった。Bさんは、「仕事を教えてくれないで、いきなり知らない仕事を言いつけられ、恥をかかされた」と泣いてN事務長に訴えた。いわゆる「いじわる」をされたということである。教えてもらっていない仕事を突然やれと言われたため、Bがそう感じたのも無理はないとN事務長は思った。しかし、M係長から話を聞くと、「彼女は『仕事はすべて教えてもらうもの』と考えるタイプの人間である」とのことで、「仕事がわからないと訴えて、何かにつけ自分で考えようとせず『どうしたらいいか』を常に尋ねる」とのこと。そこでN事務長がM係長とBさんを呼んで「それでは困る」と叱った。しかし、その後もM係長からの報告では、Bさんは相変わらずいちいち尋ねてくるとのことなので、N事務長はBさんを呼んで「自分で考えよ」とまた叱った。Bさんは結局最後には泣き出してしまい、管理職のパワー・ハラスメントとなりかねない状態となった。いわゆる叱咤激励が通じないのである。結局、独立した担当をやめさせ、部屋の机の配置をこれまで指導をしてきたM係長から離れた場所に移した。そして、比較的若手の先輩で30代前半の男性職員に仕事を聞きながら、学部関係業務を一緒に担当することになった。

✔何が問題となっているのか

新人職員の職業人としての意識が十分芽生えていなかった。係長の指導方法がよくなかった。

✔どのような背景があるか

係長と新人職員の年齢ギャップが大きく、性格も合わなかったため意思疎通がうまくいかなかった。また新人職員の仕事に取り組む姿勢が消極的であった。それは大学卒業後に同じ大学に就職したために学生気分が抜け切れず甘えがあったのではないか。

✔2つ以上の解決策をその理由とともに提案する

・各部署に新人教育係を置いて、常に注意、指導を行える環境をつくる。

・新人職員には「TPO」を理解せず、一律にマニュアル的な対応・回答しかできない者が増えてきている。学生時代のアルバイトで身につけたマニュアル言葉が抜けないのである。新人研修において「失敗事例」を説明、その理由を理解させる。

最近では叱咤激励が通じずに、叱ると泣き出す職員もいる。50代の管理職者は、自分たちが育成された叱咤激励型人材育成法は、もう通用しない時代になっていることを十分認識しなければならない。大学卒業後に同じ大学に就職したために学生気分が抜けないこともその原因であろうが、学生時代の社会経験の不足が「どうしてよいかわからない」という発言になって現

れてくるのではないか。特に口先だけでの理解が実際の処理になると行動力のなさを露呈してしまう。仕事を覚えるのが先か、専任職員としての自覚が先か、どちらも同時に身につけさせたいものである。

一般論として、1つの仕事を覚えたら、次に新しい仕事を覚えて職場全体の仕事を覚えようとするような心構えをもった者が少ない。1つの仕事を覚えたらそこから次にはいかない。次の仕事を覚えると仕事が増えて大変だと考えているのである。興味があっても負担になることを憂慮して新しい仕事への取り組みを躊躇する。一見、根からまじめそうに見える人間でも実はどうもそうではないといった場合もある。型にはまりやすい人間に見られる特徴は、仕事の途中の作業にはまってしまい、なかなか目的に近づかないことである。一方、指導を担当する層もコンビニに見られるような決まり文句は教えるが、自分が覚えた仕事を他人に教えるのが下手で、仕事を自分で抱え込んでしまい、自分の目の高さ以上の仕事には取り組もうとしないなど、そのレベルに留まって満足してしまう者もいる。

どのように人材を育成するかを考える場合、どのような指導方法を選択するかは難しい問題である。それは様々な性格の人間がおり、たとえば、間違いを指摘することで成長していく者もいれば、数少ない成功例を誉めることで成長していく場合もある。指導される側には、様々な受け止め方があるからである。また新人も上司の顔色をうかがいながら仕事をするタイプもいれば、陰日向なく変わらぬ努力をするタイプもいる。管理職には新人を見て指導方法を使い分けることができ、上手く成長させることができる指導力があればすばらしいことだと思うのだが。

Case 11

今どきの新人は……？

優秀、でも挨拶もろくにできない新人

▼▽▼新人職員教育

毎年4月は人事異動の時期でもある。上司や先輩や後輩の異動のみならず、自分のことが気になる。それに何よりどんな新人職員が配属されるのかどうかも気になるところである。

最近の私立大学の事務職員は、高倍率の試験を突破しなければ就職できない人気業種となってきており、当然高い基礎学力を備えた優秀な若者が入ってくると期待される。

新人職員のC君は、人事課に配属になった。配属初日に、人事課長は課員を集め、C君を紹介した。しかし、C君は、自分の氏名、出身学校や学部はともかく、「よろしくお願いします」としっかり挨拶することすらできなかった。庶務係のDさん（28歳、女性）が、必要な事務用品をC君に渡し、当面のスケジュール、職場会議の要領、業務分担、その他昼食のことなど職場での日常生活等について説明してくれた。C君と同じ給与コーナーで仕事を担当することになっている先輩のEさん（35歳、男性）は、Dさんの説明が終わった時に、「ありがとうございました」の一言を言わなかったC君の態度が気になった。

結局、この日1日、C君は先輩諸氏に自ら話しかけたり、問いかけたりするわけでもなく、ニコリともせず堅い表情のままで過ごした。初日のことなので緊張したのであろうと考えたが、その後1週間が過ぎたが、仕事の覚えは悪く、周囲への態度は変わらなかった。

Eさんは、「このごろの新人職員は、優秀であるはずなのに挨拶もろくにできないのかなぁ」と思わざるを得なかった。また、「別に気の利いた、格調高い挨拶など誰も期待していないし、少々荒削りでも、物怖じせず明るく元気に『よろしくお願いいたします』『ありがとうございます』と一言言ってくれるだけで、ただそれだけで先輩職員たちはホッとし、ずいぶん安心するのになぁ」と思った。

もっとも、こんな新人職員でも、いったん受け入れた以上、これからの指導責任は受け入れ部署の上司や先輩に移るということは当然のことである。Eさんは、新人職員の職務上の能力向上や人間的成長などは、最初の配属先の上司や先輩の指導のあり方いかんにかかっているとも言われており、これからどのように指導すべきか、と気が重くなった。

✓何が問題となっているのか

まず、「よろしくお願いします」「ありがとうございます」などの簡単な挨拶ができない。

✓どのような背景があるか

なぜそのような新人職員が採用になったのか、筆記試験が優秀であっても面接で本当に実務遂行能力、コミュニケーション能力があるかのチェックが不十分であったのでは？　最近の傾向として面接での回答の仕方までマニュアルを参考にするとのことであるが、このような点は見破る必要がある。C君は、おそらくアルバイトなどの社会経験も少なく、自分で考えずマニュアル思考の人間であったかもしれない。またC君の緊張を解きほぐす、職場でのオリエンテーションのありかたが未整備だったかもしれない。

✓2つ以上の解決策をその理由とともに提案する

・職場にC君特別教育係を設けて、教育する。なぜなら、ほうっておいて自主的に仕事を習得するのは無理であるので、大学卒の1人の大人として扱うのではなく、それ以前の段階から教育を始める必要があるから。

・ほうっておき、失敗をさせる。失敗経験を積ませ、その都度、その原因を追究し、どのような解決方法をとるかを考えさせる。

・職場全体での指導体制を整備する。1人で指導するとその人間に責任がすべてかかるので、本人の仕事の習得状態を共有し、それぞれが指導ポイントを分担して注意する。

プレゼンテーション能力は職員に求められる重要な能力の1つであるが、人前で挨拶することが苦手な人は多い。それも特性の1つと考え、ある程度の猶予を与えることも仕方がないのか。このような職員を減らすためには、新人研修や職場研修を通して人前で話す機会を多く与えることが必要である。

Case 12

中堅職員のゆううつ

最近、ボーっとすることも多くなってきた

▼▽▼メンタルヘルス

Aさん（32歳、女性）は、就職して10年を迎える教務課の中堅職員である。就職してすぐに学部事務室に配属され、4年間の学部事務の経験を経て、5年目に今の教務課に異動してきた。もともと真面目な性格で、仕事も正確に着実にこなしていくタイプで、周囲からの信頼も厚く、将来を期待される人材である。

就職して3年目にカリキュラム改正のプロジェクトチームに指名され、無事に2年間のチーム活動を終えた。また、教務課に配属と同時に、新学部設置のプロジェクトチームにも選任され、実務の中心的な担い手として設置申請関係の業務をスムーズにこなした。このプロジェクトでの1年半の業務の実績でAさんの教務グループでの評価は大変高くなった。それに伴ってAさんの業務負担はますます増えていったが、彼女は意欲的にテキパキ仕事をこなしていた。昨年は、教務事務のベテラン職員（8年から16年の経験者）を中心に教務事務合理化チームが立ち上がったが、その中でもこれまでの彼女の実績が評価されてサブリーダーを務めることになった。

ところが、Aさんは結婚をして2カ月経ったころから、遅刻や急な早退が多くなり、また、ケアレスミスが目立ち、ボーっとすることも多くなった。これまでなら、難なく処理していた仕事も時間がかかるようになってきた。特に、この1カ月ほどは急に休暇をとることもしばしばである。Aさんの同僚によれば

「夫婦共働きの中で、自宅での親の介護をしないといけなくなった。介護が十分にできないので、親に申し訳ない」ともらしていたとのことであった。

そこで上司の教務課長は、Aさんの様子を見かねて、Aさんを応接室に呼んで尋ねた。Aさんは、「なんとなく体がだるく、いまひとつ仕事に意欲がわかないんです。休みの日などはボーっとすることが多く、疲れがとれないんです。この1週間ほどはあまり眠れないんです」と答えた。

上司の教務課長は、「君は、実力も実績もあるし、教務グループの中心人物として期待される人材なんだから、頑張ってくれないと困るよ」とAさんを励ました。

Aさんは、「はい、ご心配をおかけして申し訳ありません」と弱々しく答えた。

✓何が問題となっているのか

・本人自身が病気であることに気づいていない。精神的に疲れていることに気づかず、自分にストップがかけられない。

・上司もまた病気であるのに「頑張れ」と励ました。

・本人が中堅職員になって役割が変化し責任も増し、私生活とのバランスがとれなくなった。

✓どのような背景があるか

・職場環境の問題として、休みにくい雰囲気がある。また自分から休みをとることができない性格の持ち主である。

・親の介護の負担が思ったより大きかったが、一方で、中堅職員として、業務が質、量ともに変化し、さらに教務事務合理化のサブリーダーとして責任が付加されたことからプレッシャーが増した。

✓2つ以上の解決策をその理由とともに提案する

・上司は、どうすればよいか。日常的な観察から普段と様子が違うなど変化があれば声をかける。疲れている、病気だと気づいたら休ませる。

・本人はどうすればよいか。自分で異変に気づいたら周囲の人に相談する。

・職場はどうすればよいか。休暇をとりやすい雰囲気を作る。休暇を取ることが悪いことだという雰囲気を変える。ワーク・ライフ・バランスの考えを普及し、育児・介護休暇制度なども充実させる。

・Aさんの業務上の責任の軽減を図る。本人と話し合い、説得した上でサブリーダーの役割を解く。

安全配慮義務の理解と対応

職場の管理職者としては、職場マネジメントの重要な一部として、「安全配慮義務」について理解し、適切に対応する必要がある。「安全配慮義務」とは、労働契約に伴い、労働者がその生命、身体等の安全を確保しつつ労働できるよう必要な配慮をすることが求められており、使用者が労働者に対して負うべき労働契約上の付随義務である（労働契約法第5条）。

さらに安全配慮だけでなく、近年は、長時間労働による過重労働、精神的負荷を原因とした死亡・自殺（H12・3・24最高裁判例：電通事件、H12・10・13最高裁判例：システムコンサルタント事件、H21・7・28東京高裁判例：アテスト（ニコン熊谷製作所）うつ病自殺事件等）などについても使用者側に損害賠償を求める判例が増えている。

ワーク・ライフ・バランス

ワーク・ライフ・バランスとは、ワーク（仕事）とライフ（仕事以外の生活）のバランスを調和させ、性別・年齢を問わず、誰もが働きやすい仕組みをつくること。とりわけ、近年では、大学事務職員の業務においても、業務量の増大、業務の複雑化・専門化が進んできており、特定分野の高い専門性が求められる部署の職員が長時間労働を余儀なくされることが多くなっている。大学事務職員としてあるいは大学アドミニストレーターとして、確実に仕事を遂行することは当然必要であるが、職場内コミュニケーションを図りつつ、社会人としての基本的なエチケットやマナー（社会人基礎力として取り扱われるもの）などを身につけた上での人間関係の形成などが必要となる。40年近くにわたる職業生活の中で、職務遂行能力のみならず、人間力を高めつつ自己成長を図ることが各人の豊かで充実した人生を生きることにもつながっていくと考えられる。そのような観点から、事務職員各人、職場管理職がそれぞれの立場や役割の中でワーク・ライフ・バランスを捉え、実践していくことが求められる。

新型うつの特徴と対応

本ケースの場合は、従来型の真面目で几帳面、責任感が強いがために自分を責めてしまい、やがて疲れきってしまうメランコリー型のうつだと思われるが、最近では、好きな仕事や行動をしているときは元気で、また、「うつ」で休職することに抵抗がなく、自責感が乏しく、他罰的で心身の不調の原因は職場環境や上司や先輩、同僚のせいにしがちな、いわゆる「新型うつ」なるものが話題になっている。

新型うつの対応においては、①本人の状況を理解する、②安全配慮義務の観点から、主治医（精神科医・カウンセラー）の指示を尊重しつつ、③腫れ物に触るような対応ではなく、人事労務管理の枠組みで客観的に対応することを留意する必要がある。なお、主治医からの職場復帰の意見については、本人の気持ちを尊重して「職場復帰可能」の判断をされることが多いようであるが、主治医と連絡をとり、本人の職務上の立場や役割、勤務条件等を十分に理解した上で、所見を出してもらうことが望ましい。単に職場に出てくることができるというだけではなく、あくまでも仕事ができる状態になっていなければ「職場復帰可能」と判断するのは早計であろう。

Case 13

▼▽▼メンタルヘルス

長期療養から復帰した課長代理

役職辞任が認められないのはなぜ?

X大学ではここ数年、メンタル面から心身のバランスを崩して長期療養を取得する職員が増加している。背景には大学業界全体が競争的な環境にさらされ、専任職員もその影響を受けて職能資格制度が取り入れられ、これまで以上にスピード感と効率化を求められるようになったことがあると思われる。

さらに、職場の活性化を実現するという目的で55歳からの役職定年制度が導入されたため、役職に就く年齢が大幅に若返った。そのため、経験や管理能力が十分でないままに、課長代理や課長の職に就く者が多くなった。

Bさん(45歳、課長代理、男性)の場合は、就職以来、学部事務室で庶務系の仕事を担当してきた。また、労働組合の役員経験を買われて、課長代理として人事課に配属された。人事課は労働組合との事務折衝での経験等を通じて彼の手腕が発揮されると期待していた。しかし、Bさんの人事課での業務経験が狭かったため、そして優しい性格と相まって、人事課が期待したような働きができなかった。その結果、上司であるH課長とBさんとの人間関係が悪化し、休みがちとなり、長期療養に入った。

数カ月間の療養生活の後、Bさんは職場復帰し、学部事務室に配転となった。Bさんは、復帰に際して、課長代理の辞任を申し出たが認められなかった。

学部事務室に復帰後、Ｂさんは部下に指示することもできず、自分で仕事を抱え込むことになってしまい、再び療養生活に入ってしまった。

✔何が問題となっているのか

・仕事の失敗による自信喪失と人間関係の悪化から病気療養となった。
・本人は、自分が配置されたポジションを十分理解することなく、現場の仕事と向き合うことになり、自分の力を出すことができず役割を果たすことができなかった。
・上司は、Ｂさんに果たしてもらいたい役割を十分伝えることができておらず、自分が期待する結果だけを待っていた。

✔どのような背景があるか

・人事課は職能資格制度の実施運用のために、本人が組合活動の経験があるので登用したが、本人は組合の立場と人事課の立場の違いが十分に理解できないままであった。
・上司とＢさんでは組合活動への対応の方法が違っていた上に、Ｂさんの意見が上司に受け入れられなかった。
・上司とその違いに関しての共通認識ができないまま、団体交渉が進み、本人の予想以上にやり取りが厳しくＢさんの力では対応できなかった。
・職場の問題としては、ハードルを下げて自分の役割を果たせるところから、といった方法で本人に適応させる余裕がなかった。

✔2つ以上の解決策をその理由とともに提案する

・最初、休みがちになったときに対応し、担当業務の変更もしくは他部署への配置転換も視野に早期対応すべきであった。

・療養から復帰時に役職の適性基準に照らし合わせて、上司、本人の意見を参考に役職に就けるかどうかを再審査し、対応すべきであった。

役職辞任制度の検討

役職についた後でも、能力が発揮できない場合は職務遂行に影響があるだけでなく、部下のモチベーションも低下する。もちろん、今回の場合には、本人自身の心身の負担となって、相乗効果も生まれない。そのような場合には、本人の意思による役職の辞任を制度上認めていくべきである。

たとえば、復職を認める場合は本人の希望や主治医の診断書だけでなく、産業医との面談と診断を参考にして、復職にあたってのチェック項目を設けて手続きを具体化する。

Case 14

中堅職員のキャリアデザイン

時間ができたら自己啓発に取り組みたい

Aさん（32歳、男性）は、事務職員として10数年ほどの経験を積み、それなりに担当職務の主担者として活躍している中堅職員である。数年後には監督職への昇格・昇任が期待されている。H部長はある機会に、自分のキャリアデザインの設計や自らの自己啓発についてAさんに聞いてみた。すると、「自分の将来の進路のことなどを考えて、自らの能力開発に取り組まなければならないことはわかっているが、毎日職場を出るのが午後の9時以降になるのでそんな時間的余裕はない。そのうち仕事が一段落し、時間ができたら自己啓発に取り組みたいと考えている」という返事が返ってきた。

数日後、H部長は、Aさんの上司のI事務長にそのことを話すと、「彼は研究推進業務の中心的担い手であり、毎日他の職員が帰った後でも夜遅くまで仕事をしてくれている。彼には自己啓発に取り組むようにと常に言っているが、実際のところは今の彼にはそんな時間はないようだ」という返事が返ってきた。Aさんが忙しい理由は、他のメンバーに協力を求めることに遠慮があり、また協力してもらえる職員が仮にいたとしても時間をかけて仕事内容を説明して理解してもらうより、自分で処理するほうが楽で早くできると思い込んでいるようである。

しかし、Aさんは1カ月の超過勤務が25時間以内という就業制限にも引っかかっている。そのことについて上司のI事務長に尋ねると、「わかっているが、Aさん担当の研究推進の業務については、ミスが許されない業務であるので、今は彼に頼らざるを得ない」とのことで、実際に忙しく、昨年に実施した中堅職員を対象とした階層別研修にもAさんは業務の都合がつかないという理由で欠席していた。

Aさんの仕事ぶりについては、関連規程はもちろん、業務マニュアルや手引書、前例等を正確にマスターしており、研究推進業務についてはほぼ完ぺきに処理している。ただ、自己中心的なところがあり、他のメンバーと協調することが不得意で、他の人の意見に耳を貸さないことが多いという上司の評価もある。

大学における業務の多様化、複雑化、あるいは細分化の中で、実務の担い手は、視野が狭く、協調性がなくなってきている。上司Iは、Aさんに対してどのように対応すれば良いのか悩んでいる。

✓何が問題となっているのか

・超過勤務が多く制限時間を超えて、健康管理上の問題が生じていること。
・業務多忙を理由として階層別研修に参加できていないこと。
・自分の業務を他人に教えて任せることができないこと。他の職員と協働するシステム構築がなされていない。業務が精通した人（＝一般に言う「できる人」）に集中している。

✓どのような背景があるか

・このようなケースは、決して珍しいものではなく、中堅職員を抱える職場にはよくある事例である。担当者として目前の業務に一生懸命になり、担当業務に精通することばかりに注意を払ってきたため、大学職員としてのキャリアデザインも持たず、中堅職員の役割、また近い将来、監督職や管理職になることについてもイメージすることができていない。

・上司が失敗を恐れ、精通した人に業務を集中させている傾向がある。その結果、業務分担に偏りが生じ、一部の職員に負荷がかかっている。

・担当者が監督者や管理職になるより、現状のほうが良いと考えている。せっかく若手を監督職や管理職に登用しても、それを支える制度が整備されているとはいえない。監督職、管理職は精神的なプレッシャーが伴うほか、現状の給与制度では担当者が超過勤務をすれば、監督職や管理職の給与を追い越すことになる。

✓2つ以上の解決策をその理由とともに提案する

・健康管理上、就業制限のある職員には、産業医から本人に制限時間を厳守するように命令し、上司もこれを遵守する。

・視野を広げるため直接業務以外の研修に関して、上司は部下が積極的に参加できるように配慮する。

・業務に関して、複数担当制を実施し、その担当者でなければできない仕事を少なくする。職場の複数の人間が協働で業務を処理する体制を構築する。

複雑で専門性の高い業務ほど多角的な視点から問題を捉え、複数の担当者で処理すべきである。それ以前に業務負担の過重による心身の不調その他の理由で休務等に追い込まれれば、大学組織全体に機能低下をもたらすことになる。担当者は、業務の一端を担っているだけで、与えられた特定の業務を処理しておれば一応職務を遂行した、という中堅職員の立場にある。しかし、近い将来、監督者・管理職者として所管の職場の業務管理のみならず、人事管理（人間関係、人材育成、健康管理など）をも担う立場になることも意識し、行動していかなければならない。今から自らの欠点や弱点を補強すべく能力開発に取り組むべきである。

Case 15

教授のわがままをサポートする管理職

教員との軋轢

▼▽▼職員の役割

Cさん（32歳、男性）は、将来を嘱望される人事部課長代理である。何事にも熱心に取り組み、教職員に分け隔てなく接し、正論を堂々と述べる頼もしいところがあり、人事部長のIはそこを期待して新しく設置されたバイオテクノロジー研究所へ課長として任用した。それには理由があり、そこの所長として着任したO教授は、その分野では日本を代表するような著名研究者である。しかし、職員を自分の手足として従属的な労働を強制し、困っていたからである。人事部長のIは、CならばO教授の無理な要求に対しても堂々と正論を述べて戦ってもらえるものと思っていた。

しかし、Cは、初めての課長というポジションを守るためから、逆にO教授の言いなりにわがままな要求をサポートする側に回ってしまい、部下に対して業務上の必要性を理由に深夜労働を命じたり、就業規則に違反してレンタカーの運転を命令したりした。

人事部長のIは、課長のCを呼んで就業規則の遵守の注意をしたところ、Cは、逆にIに向かって、「大学のためにはO教授に世界的な研究者になってもらうことが大切であり、そのためには多少の就業規則の違反があってもO教授のわがままを聞いてあげなければならない」と主張した。人事部長のIは、今回の人事は失敗であったのかと反省したが、これからさきCに対してどのような指導をすべきかと悩んでいる。

✓何が問題となっているのか

・教授に研究補助者としての助手がいないために職員に対して助手の仕事を要求している。
・職員が教授の研究を支えるために就業規則違反の業務を命ぜられている。

✓どのような背景があるか

教授は著名な研究者であり、研究第一の考え方を職員に植えつけ、教授の課題を職員にも共有させているため、職員もその課題の解決に乗り出し、研究のサポートを行ってきている。職員の役割は研究のサポートが含まれているが、新しく立ち上げたばかりの研究所の運営のため、どこまでが職員の業務であり、どこからが教授の研究かが明確にできていない。

✓2つ以上の解決策をその理由とともに提案する

・大学院生の研究補佐もしくは技術助手を採用し、O教授を補佐する。
・C課長に課長補佐を付け、常に就業規則が守られているかをチェックできる体制を作る。
・O教授に対して、I人事部長が職員の就業規則を説明し、就業規則内で職員へのサポートを要求するよう申し入れる。

職員が教員の従属的な関係におかれ、教員のわがままにより無理な業務の命令があることが判明すれば、それに対して何らかの行動を起こすべきである。職員が教員の下で働くのではなく、教員の活動を支援する立場で協力することがその役割である。大学職員がその業務を遂行する上で教員との軋轢がしばしば問題になるが、その部局での職員役割を明確にしておくことが大切である。

中堅職員をどう育てる

中堅職員は、職場においてそれぞれの担当（分担）職務の遂行をリードする存在である。それ故に毎日が忙しい。担当職務遂行のために主体的に取り組んでいかなければならない。さらに大学の事務職員として十数年の職務経験を有するともなれば、所属職場にとどまらず、大学全体を俯瞰的に見渡たす視点も身につけていなければならない時期でもある。組織の中での職務遂行のあり方、あるいは自らの5年先、10年先を見据えたキャリアヴィジョンをどう設計するかといったことを考えなければならない役割を担っている立場でもある。

一方、中堅職員を部下に持つ管理職は、職場全体の目標の共有、職場課題の把握と解決への取り組み状況や、職場の人間関係の管理、職務遂行体制の整備など環境管理のみならず、それぞれの部下の仕事内容の把握、進捗状況の管理あるいは安全配慮の観点から心身両面にわたる健康管理にも留意しなければならない。また職務遂行上の課題や将来のキャリアパスを含めたキャリア形成支援等の相談にも適切に対応していかなければならない。

組織目標あるいは組織ニーズに沿った人材をいかに育成するかは、管理職者の最重要職務の1つである。組織に有用な人材を育成するには、管理職者は部下の適性をよく理解し、部下を能力開発に取り組ませるよう動機づけるなどのリーダーシップと、人材育成スキルなどが必要である。管理職の中には

「十分に経験を積んだ有能な中堅職員であるから、彼の主体性に任せている」という者が少なからずいるが、実際には自らのマネジメント力の弱さを棚上げして、部下の指導責任や管理職者としてのマネジメントを放棄しているにすぎない。管理職者は、中堅職員が将来に夢や希望を持てるよう、彼らの意欲を掻き立てる必要がある。またそのために日頃から部下としっかりコミュニケーションをとるとともに、人的資源管理（ＨＲＭ）を踏まえた職場マネジメントを実践していくことが大切である。

中堅職員は　実務の中心的担い手としての使命感を背にとかく働きすぎる傾向がある。その結果、個人生活や家族との団欒を犠牲にし、また、仕事以外の知識やスキルを修得する時間を確保することもできず、さらには地域コミュニティにも参加せず、趣味も持てない中堅職員が多い。これでは、仕事で少しばかり自己実現できたとしても、人生そのものが充実するはずもない。彼らのワーク・ライフ・バランスの実現を支援することも管理職者の見逃せない課題である。

Case 16

中途採用の監督職の育成

国際関係スペシャリストからの意識転換

▼▽▼中間管理職

Dさん（43歳、男性）は10年前に国際関係のスペシャリストとして中途採用され、国際センターに配属となり、その知識、経験の豊富さから将来は国際センターの管理職として活躍することが期待されていた。配属から数年間はその能力を期待通り発揮し、入職5年後には課長代理に昇進した。課長代理に昇進後に、国際センター所長（教員）から学内の国際関係の体制整備に関する見直し案を作成するよう命じられ、課員とともに原案を作成した。しかし、所長の方針とも食い違い、また内容のレベルが低いという評価がなされた。本人は課長代理として自信をなくすとともに、センター所長との関係が悪化した。その結果、人事課は10年目にこのDさんを配置転換し、教務課長代理に任命した。

Dさんは、教務事務を経験したことがなく、学生対応など不慣れな業務への不安から体調不良で休みがちとなった。人事課としては、Dさんの教務課長代理への配置転換は失敗であったのだろうか。

✔何が問題となっているのか

・大学の規模や大学固有の文化を理解し、予算規模などを把握し、その大学に合った適切な見直し案を作る能力がなかった。ただ国際経験があり居心地がよく、長くその職場にいたということであった。

・Dさんに新しい部署での適応能力と基本的な大学職

員としての基礎能力がなかった。

✓どのような背景があるか

・Dさんは、経験に頼りスペシャリストとしての自分の能力に磨きをかけてこなかった。また本人に周りの状況を読む感性が欠けていた。
・長年のスペシャリストからマネージャーとしての意識転換を考え、配置転換したが、本人の意識がこれについていけなかった。また監督職の育成のケアが不十分であった。

✓2つ以上の解決策をその理由とともに提案する

・課長代理の役職を解任し、元の専門性が生かされる業務を中心に担当させる。
・監督職の役割を学ばせる研修に参加させる。

国際センターはいまだに大学から切り離された出島方式での運営があり、全学に普及させようとする考え方と、現状のまま維持しようとする考え方の食い違いがある。その中で居心地がよい人のみが担当者として長く配置されている。国際バブルといわれ、文科省からの補助金も多く投入されているが、事業への投資額とその効果の予測が立てられていない。人材育成のためには、今後どのようにその効果を具体的に測定していくのか、その方法を明確にしなければならない。

専門職的な人材、スペシャリスト的な業務に携わっている担当者をどのようにして監督職にしていくかということは今後ますます人事政策の課題となる。専門性をもつ職員はどうしてもその専門性に頼ってしまい、全体を管理運営する視点が育ちにくい。この場合、管理職に育てるにはいったん持っている専門性を捨てさせる努力が必要である。そうしなければ管理職としての知識は入ってこない。いったん管理職としての役割に目覚めれば、また捨てた元の専門性はいずれ必ず役に立つ時が出てくる。

Case 17

ミドルマネージャー（監督職）のプレーヤー化

ミドルマネージャーの立場と役割、そしてどう育成するか？

▼▽▼中間管理職

Eさん（40歳、男性）は、情報通信技術（ICT）専門的分野で中途採用となり、5年後に同じ部署で係長に昇任した。しかし、これまでICT分野で専門職的な仕事をしてきたため、係長になってもミドルマネージャー（監督職）としての業務に興味を持たず、相変わらずこれまで担当してきたICT分野の業務のみに終始し、一向にミドルマネージャーとしてのマネジメントの仕事に取り組もうとしない。全体業務にかかわる業務では予算管理に関心を示すが、それも自分の担当にかかわる予算にしか興味を持たないのである。そこで上司のZ課長は、Eさんにミドルマネージャー（監督職）の仕事は自分の仕事を後回しにしてでも、まず全体を把握し、部下の相談に乗ることを一番にするべきだと助言した。しかし、Eさんはその度に「はい、わかりました」と答えるばかりで、実際には相変わらず自分の興味のある仕事を優先し、監督職としての役目を果たそうとしない。そのため担当者間の調整がなされず職場全体の運営、業務処理のスピードにも影響が出始めた。しかたなくZ課長は、監督職を飛び越えて業務の指示を一般職員、派遣職員、アルバイト職員に直接伝えなければならなくなった。

Eさんはせっかく係長に昇任したにもかかわらず、1人のプレーヤーのままである。Z課長はどのようにすればEさんをミドルマネージャーに育てることができるのかと悩んでいる。

✓何が問題となっているのか

・監督職としての役割を理解していない。昇任したことは喜んでいるが、監督職にはなり切れていない。全体業務の処理スピードが低下した。
・監督職は、プレイングマネージャーではあるが、いまも1人の担当者、プレーヤーであり、バランスに問題があり、プレーヤーに偏っている。
・ＩＣＴの仕事の方にやりがいを感じているため、立場や役割を変えることができない。一般職員の意識から抜け出せていない。

✓どのような背景があるか

・法人の期待と本人の意識とのズレがある。最初に期待された仕事から年数を経て期待される役割が変化したが本人の意識がそれについていっていない。
・自分の持っている専門性に依存しようとする意識が働き、専門性には敏感に反応するが、全体の新しい変化に対応ができなくなっている。

✓2つ以上の解決策をその理由とともに提案する

・中途採用した職員への徹底したオリエンテーションと1年ぐらいの期間で実務上での経験を積ませる。特に大学の意思決定のプロセス、手続きなど大学と企業組織文化との違いを理解させる。
・いったん専門性と関係のない部署に配置転換し、役割を理解させる。

専門性に頼ろうとする意識が残っている職員は、いつまでもそこに戻ろうとする傾向がある。またその専門分野でのネットワークを持っているために、居心地が良くそこから離れることができない状況にある。

また、専門性を持った部署では、これまでやっていたことの繰り返しが多く、仕組みづくりそのものを考えていない職員が多い。専門性のない部署のほうがかえって社会の変化に柔軟に対応している現状がある。また専門性を持った部署では、自分の物差しで判断する傾向にある。

Case 18

課長補佐の立場と役割

自らの判断と行動

▼▽▼中間管理職

A課長補佐（42歳、男性）は、学生生活支援課に配属されて4年目の課長補佐である。あるとき、上司のX課長から「○○問題について、1週間後に当課が所管する会議があるから関連資料を作成してほしい。この○○問題については、タイムリミットを考慮すると、次回の会議で了承を得なければならない」との指示を受けた。A課長補佐はすぐさま担当のB係長に、「X課長から○○問題について、1週間後に会議があるから関連資料を作成してほしい旨の指示があったのでよろしく」とX課長からの指示をそのまま伝えた。会議の2日前にB係長から資料提出があり、課長を含めた会議の打ち合わせを行うことになった。資料内容について、X課長がA課長補佐に質問すると、いつものようにすべてをB係長に答えさせた。会議の当日は、B係長は有給休暇を取ってその場にいなかった。会議中に、会議メンバーの1人から○○問題の資料について詳しい説明が求められ、会議の座長であるX課長からA課長補佐に説明するよう指示があった。しかしながら、説明内容の要領を得ず、会議が混乱し、○○問題については継続審議扱いになってしまった。

会議の終了後、X課長は、A課長補佐に「○○問題については、今日の会議で了承を得なければならないことは伝えていたではないか。B係長が有給休暇を取ることもわかっていたではないか」と叱責した。

A課長補佐の下に3人の係長がおり、それぞれの係長からX課長に、「課長補佐は、課長からの指示等について斟酌することなく私たちにそのまま伝えるだけある。また、成果物も、補佐なりのチェックもされない」という不満をもらしている。また他部署からの問い合わせについても、同様に課長補佐という立場から当然答えるべき事項を「課長の判断を仰いでから返事します」と言うばかりで、他部署からも「大した問題じゃないからすぐに返事がもらいたんだが」と苦情が届いている。どうすればA課長補佐の仕事への取り組みを改めさせることができるのかとX課長は悩んでいる。

✓何が問題となっているのか

- A課長補佐は、X課長の補佐者としての担当業務の内容を把握できていない。
- 会議での説明や他部署からの問合せ・要望等について、課長の補佐者として、自らの判断で説明したり、説得したりできない。
- 課長の考えに自らの判断を加え、咀嚼して部下に伝えることができない。
- 自らの課長補佐としての立場や役割について理解できていない。
- 上司からの指示・命令内容の意味などを具体的に確認していない。

✓どのような背景があるか

- 仕事に対する取り組む姿勢が常に第3者的で、自職場の現状や課題が自分の問題として捉えられていない。仕事が常に他人事になっている。
- 部下の業務のマネジメント（業務の進捗状況の把握、

勤務状況など）ができていない。

・上司の立場や部下の立場から仕事の進め方が理解できていない。

・一口に言えば、担当業務また自分のポジションに対して、結局無責任である。

✓2つ以上の解決策をその理由とともに提案する

・人事制度上の資格基準書、職能要件書等により課長補佐に求められる能力要件や課長補佐の立場や役割を確認させる。

・マネジメントの基本であるリーダーシップ、コミュニケーション力の強化等を座学、研修派遣等を含めて再学習させる。

・課内の業務についてできるだけ課長の代行をさせたり、課内の打合せ会等において座長あるいはファシリテータ役を担わせるなどの実践を通して、リーダーとしての自覚や「部下を通じて仕事をする」ことの意味を理解させる。

・一定期間課長不在にして、課長補佐に職場運営を任せて、運営が立ち行かなくなることがあれば、そのときに問題を指摘し、自らの取り組む姿勢を反省させる。

Case 19

上司を補佐しない課長代理

上司のフォローとは？

▼▽▼中間管理職

X大学の国際センター課長代理Sさん（女性、45歳）は勤続24年目のベテラン職員である。同大学の卒業生で、学内事情に精通し、大学での業務は法人業務、教学業務、学生支援業務とほぼすべてを経験している実力ある職員である。すでに、課長に昇任していてもおかしくない能力を備えているのだが、1つだけ難点がある。それは自分より能力が劣ると思われる上司を真摯に補佐しないことである。自分は能力があるために、業務をスムーズに遂行できるのだが、上司が管理職としての役割を十分果たせないことがわかると、その上司を追い詰めたり、足を引っ張ったりするような態度をとるのである。そのせいで、これまでに現在の部署だけでなく、その前に在籍した部署でも上司にあたる人物を直接的、間接的に批判、攻撃し、結果的に上司が他部署へ異動するケースが2件起こっていた。このようなことがなければ、すでに課長に昇任しているはずの人材である。このような人材を生かすにはどうすればよいのだろうか。

✓何が問題となっているのか

・S課長代理が、業務に精通していない上司の課長に対して意地悪をして、成果が達成されない責任を課長にとらせようとしている。

・S課長代理が、上司の課長との意思疎通を避けている。そのため職場運営と課長代理の役割を正しく理解できていない。

・上司の課長が部下の課長代理を指導するためのスキルが不十分である。

✓どのような背景があるか

・ジェンダーの問題として、女性の人事評価が公正平等に行われていない。そのため、ねじれた形でその能力が発揮されている。

・人事評価が、勤務態度等の要素を中心に評価されていて、本人の能力評価が十分になされていない。

・管理職に対する女性の人材育成の研修が十分行われていないため、女性の能力活用が十分にできていない。

・本人が課長代理になったあと、課長代理というポジションと担当者との違いが十分理解できていない。

✓2つ以上の解決策をその理由とともに提案する

・S課長代理に対して人事部管理職が直接面接を行い、本人の欠点に対して気づかせるとともに、課長代理と課長の役割を正しく理解させること。

・S課長代理に職務遂行能力の高いことを伝え、課長に昇任するために何が必要かを伝える。

・職員の特徴を生かした人材活用のための管理職研修を行い、特に女性職員の能力を十分に活用するスキルを修得させる。一方で管理職の能力評価を人事部が厳格に行い、公正で適材適所の人事異動を行う。

能力の高い職員がその能力が活用されない場合に、ねじれた形でその能力が活用され、業務遂行にブレーキがかかっているケースは、よく見かけられる。人間関係にコンフリクトが生じた場合にもこのようなこと

が起こる。このようなときにコミュニケーションが重要となる。このコミュニケーションの良し悪しによって1＋1が3にもなるし、1＋1が1にもなる。1＋1が1でブレーキになっているケース、あるいは1＋1が3となる相乗効果が起こっているケースでは、何に起因するかは大変興味深い。個々のケースの要因は異なっているのであるから、人間関係が円滑にいかない原因を短絡的に個人の相性によるものだとするのは早計であろう。実際の現場でいま起きていることは何かということから分析する必要があるだろう。これらのケースを題材として職場マネジメント・職場におけるコミュニケーションのあり方などをテーマとして研修を行えば問題点が見えてくるのではなかろうか。

Case 20

海外出張の理由探しをする課長代理

その出張目的は？

▼▽▼中間管理職

Aさん（40歳、女性）は、海外旅行が好きで、英語能力に自信があった。文学部から国際センターへの異動の希望が叶い、監督職の席が空いていたこともあって、課長代理となった。Aさんの仕事は、学生の海外派遣業務であるが、監督者として担当者をまとめる役割を担っている。異動後、Aさんは人事課の行う監督者研修については、あまり真剣に取り組まず、もっぱら理由を見つけては海外出張をF課長（55歳男性）に申請してくるのである。特に珍しい国への出張を申請することが多い。しかし、海外出張の中でも学生の引率業務などの出張は、担当者に任せ、自らは会議や研修など特に業務上責任の伴わない出張を選んで、申請を出してくる。F課長は出張の必要性が低いものについては、一旦却下するのだが、Aさんはしつこくその必要性を訴えた。F課長は必要性がない理由を問いつめられ、拒否できなくなり、やむなく出張を許可するというパターンが続いている。Aさんは日頃、担当者が残業をしていると、「超勤が多い部署は、人事課のいう通り超勤を減らすべきだ」といって自分の仕事が終われば、先にさっさと帰宅してしまう。そして担当業務で問題が起こると、ミスは担当者にあることをいち早く明言し、「自分に業務上の責任はない」ことを強調する。具体的な業務は担当者に丸投げしている状況であり、実際に業務を担当するのは担当者で、Aさんは関与していない。そして、直接的に業務と関係しない出張のみを探し、自分の仕事としているのである。そのためミスが起これはすべて担当者の責任で、責任がかかってくれば、上司のＦ課長にお伺いを立てるということになっている。したがって、問題が起これば、課長代理がいるにもかかわらず、Ｆ課長は前面に出て問題解決に乗り出さなければならない。そして時として担当者に代わって謝るのもＦ課長ということになる。どうすればＡさんを監督職として担当者の指導ができる人材にすることができるのであろうか。

✓何が問題となっているのか

・担当者がミスをしても、Ａさんは課長代理として監督責任を取らない。
・Ａさんは、海外出張の機会ばかりを探して自らの仕事にしている。
・Ｆ課長は、Ａさんに対して部下のミスの責任を取らせるようにしていない。

✓どのような背景があるか

・Ａさんは、国際交流の部署だから理由があればいつでも海外へ行けるものと考えており、この職場では自らの海外への好奇心を満たしてくれるものと期待している。
・課長代理は、課長を補佐することが仕事であるが、Ａさんは長年の一般職としての習慣から、具体的にどのように役割を果たすべきかを理解していない。

✓2つ以上の解決策をその理由とともに提案する

・Ｆ課長は、必要性の低い出張に関して、Ａさんに断固として出張させず、もっと課長代理としてやるべき仕事を優先してやるよう指導する。

・F課長から、Aさんに担当者が困っている仕事を与え、問題が起こった時に責任を取らせ、自分のミスを認めさせ、仕事から逃げない姿勢を身につけさせる。

・課長代理としての経験を積ませるために、海外出張のない部署に配置転換させる。

一般職、特に女子職員の中には、英語運用能力が長けていて、休暇ごとに海外旅行を楽しむ人も多い、そういった職員の中には外国語が好きであるから海外と関わる仕事を望む者が多い。一方で人事担当部局は、外国語ができなければ国際交流の仕事ができないだろうという考えから、外国語のできる人を国際交流の部署に配置転換する傾向がある。そういったことで起こる人事のミスマッチも多い。もちろん、英語ができることと仕事ができることとは別である。一般企業では、海外の拠点に異動になってはじめて外国語の勉強を始めるケースが多い。大学においても仕事の必要性からその人材の外国語運用能力を養成するといった方針が必要ではないだろうか。

Case 21

学生至上主義？

どこかが間違っているが、指摘できないのはなぜ？

▼▽▼一般職

目標を見失った職員の中に学生の意見を他の職員にぶつけて困らせているケースが見られる。ある学部の職員Cさん（35歳、男性）は、文学部事務室の教務事務担当である。法人部門から配置転換で異動して以来、日頃から困った学生の面倒をみている。この大学では学部事務室と大学全体の教務をコーディネートする教務部があるという二重の構造になっている。彼は学部事務職員の中堅であるが、学部事務室でもまた全学の教務部があるという二重の構造になっている。全学の会議での彼の意見は大きな影響を持つようになっている。そのような存在でありながら所属学部の学生の1つ1つの苦情を代弁して、全学の教務委員会の場で大学に対して要望を出すのである。多くの苦情は、その個人の学生の立場であれば出てくる苦情ではあるが、大学の立場で考えればいずれも公平性を逸脱した要望であり、いわば個人のわがままであると思えるものである。そのような学生個人のわがままを職員としてフォローするのである。1つの事例では、学生の留学先が決定した後、相手大学の授業カレンダーが変わったため、派遣留学期間を変更せざるを得なくなった。そうすると一部留学期間を短縮しなければならないので、Cさんは、学生からの要望が出されていないにもかかわらず、学生の権利を守るため、合格していない別の大学へ留学先を変更してほしい旨を申し出た。これに対して、教務部は他の学部にも同様の学生がいて1人だけに対応することはできない、また留学する条件を満たしていても選抜試験に合格していない大学への留学は、すでに派遣者が決まっているため許可できないなどの理由を説明し、無理であるという旨の回答を出した。しかし、Cさんはあきらめず、これに正式に要望するのではなく、教務部にいる後輩の若手職員Dさんに対して、裏から対応を迫るのである。教務部のDさんは、Cさんの後輩でもあり、対応に困っている。

✓どのような背景があるか

・Cさんは、所属部内の他の職員との意見交流がなされていないうえ、単独で行動している。

・Cさんは、法人部門から配置転換になり、十分な研修も受けなかったため、基本的な学部事務室の役割と学生窓口対応への姿勢が十分に身につけられずに中堅となった。

・「高い授業料を支払っている」という学生、保護者の消費者意識が強くなり、普段から学生としてではなく、お客様・消費者としての対応が多くなった。

・時代の変化によって学生も大学職員も変化しており、これまで築いてきた職員の仕事の枠組みや窓口対応の基本原則にも変化や綻びが生じてきている。

✓何が問題となっているのか

・学生の要望はすべて満たしてあげるのが、学部事務室のサービスであると考えていて、自学部の自分を頼ってくる学生の要望を満たすことができれば他の学部や大学全体、協定大学との関係などはどうでもよいという考えである。

・学部事務職員の現場では、学生の要望をポンプで吸い上げることだけが役割だと勘違いしている。

・学生の窓口対応で、学生に嫌われるのを恐れ、学生に社会の公平性を教えようとしていない。なぜルールがあるのか、ルールを守ることが自分自身の利益をも守ることにつながるという原理を学生に理解させられていない。

✓2つ以上の解決策をその理由とともに提案する

・基本的には、Cさんに研修を行い、これまでの大学職員が果たしてきた役割、特に公平性という立場で、学生と接することが大学全体の中で求められていることを十分に理解させる。そのためには、いろいろな事例とその結果を研修に取り入れる必要がある。
・全学的視野から学部間の窓口対応に格差が生じないように、各学部の窓口対応について基本原則、窓口対応の姿勢と職員の役割など職員として意識を共有する。
・Cさんを学部事務室から大学全体を統轄する部署、教務課に配置転換し、全学的視野を身につけさせる。

近年、消費者意識が強くなった日本社会において、保護者が自分の子供の不利益を理由に大学を訴えるという事件がたびたび起こっている。大学は、保護者と学生を大学のステークホルダーとしてどう捉え、一方で学生は大学教育の対象者として捉えなければならない立場がある。それらの事件に対して多くの大学は、何を基準としてどう対処すべきか、ということを明確にしてこなかった。もちろん時代の変化に対応することが重要である。現状では難しい選択を迫られている。これらの大学全体としての対応が、大学教育全体に、また学部事務室の窓口対応にも影響してくるのではないだろうか。

教務部職員の立場からすれば、特定学部の1人の学生個人の要望であり、それを認めることは当該学部全体を含め全学の在学生に対して不公平な対応をしたこととなる。Cは逆に困っている学生を助けるのが職員の役割で、規則や慣習があってもそれを変更するのは当然であると考えているところがある。どうすれば大学職員として学生と一定の距離を置いて公平に向き合う、不即不離の関係が構築できるのか、全学的な視点を持ち学生を納得させることの重要性を理解させることができるのか。それこそが大学職員に課せられた役割である。

Case 22

「課長、それ無理ですわ……？」

大学は生き残り戦略、それでもまだ前例踏襲？

▼▽▼人件費削減・合理化

H人事課長は、課内の連絡会で専務理事からの⑴大学の財政は緊迫した状況にあり、⑵大学として業務の合理化、効率化を促進し経費の節減に努め、経営基盤の安定化を図らなければならない旨の報告を行った。その際、「人件費は支出の中心を占めている。人事課として、職員の人件費削減を目標として給与、賞与、退職金の見直し、とりあえずは超過勤務手当ての削減を考えなければならない」と述べた。するとAさん（勤続12年、人事課8年）は、即座に「課長、それは無理ですわ。第一、労働条件の不利益変更で労働組合が黙っていませんよ。それに、これまでルールを設けずに超過勤務を勝手にさせてきて、これからはあかんとは言えない」「また教員の人件費削減も同時に検討しないのは、不公平ですよ」と強い口調で反論した。H人事課長は、頼りにしていた部下に裏切られたような気分であったが、他の課員の手前もあり、冷静にそこを取り繕って、Aさんに「その辺は問題があると思っているが、そのために君の知恵を貸してほしいのだよ」と言い返した。

これに対して、Aさんは、「そう言われても、職員にも既得権があるんで、そんなことできませんわ」とH人事課長を突き放すように言い切った。人事課長は、法人の方針を実現するため、Aさんの協力をどう獲得するか、悩みを抱えることとなった。

✔何が問題となっているのか

学校法人は大学財政が緊迫し経費節減政策が強いられ、それに伴う大学改革、人件費の削減を求めていること。それを人事担当部署としてどう実現するか。

✔どのような背景があるか

一般に大学の経常支出の5割を大学教職員の人件費が占めており、経費削減の対象となっている。またこれまで公務員型の給与形態を採用しているため、民間企業と異なった給与体系となっている場合が多い。給与体系を企業型への移行により人件費の削減を図る大学もあり、給与形態の変更が検討されはじめている。一方で学内教職員は、これまで築いてきた給与体系の変更は、不利益変更につながると既得権を問題にし、両者の意見は真っ向から対立することが多い。また現状認識が人事課長と一般職では異なっていて、情報の不足による問題意識の共有化ができていない。

✔2つ以上の解決策をその理由とともに提案する

・一般職にも経営に関する情報を流し、課題の共有化を図るとともにコスト意識を持たせる。
・教員の人件費の削減策にも手をつける。
・職員の具体的な超勤の削減のために、8時間勤務の勤務時間にフレキシブル制を導入する。
・特に物事を変更するにはエネルギーが要る。前例や既得権意識から抜け切らない中堅職員は、その能力を出し惜しみしている者ではないかと思われる。もしそうであれば、もっと能力を使う仕事をさせるか、改革の必要な部署へ人事異動させるなどにより鍛える。

現在の多くの大学改革は、財政面の緊迫から端を発する。過去の大学紛争でも学費値上げ問題がその発端であったが、そのことによって大学改革が促進された事例もある。

Case 23

外国人職員の休暇取得

契約上の権利主張と職場の不文律

大学の国際交流部門以外でも外国人職員のニーズは高く、英語でのホームページやガイドブックの作成、外国人との電話対応などで、日本語がよくできる外国人は大変重宝されている。外国人のAさん（女性、28歳、オーストラリア出身）は、日本語での会話ができるということで、広報課の契約職員として雇用された。広報課は、課長と2人の日本人スタッフと1人のアルバイト職員の4人の職場である。契約内容は、給与部分を除くと専任職員とほぼ同じで、有給休暇も年間20日という待遇である。

Aさんは、日本の職場で働いた経験もあり、スムーズに職場に溶け込んでいるように思えた。しかし、1か月が過ぎようとした頃、本人から12月のクリスマスに合わせて10日間連続の休暇申請があった。課長は外国人にとってクリスマスは非常に大事なものだと考え許可をした。Aさんは課長に感謝し、海外に行ってしまった。しかし、日本人スタッフは、有給休暇どころか、休日出勤しなければならない状況にあり、課長が外国人であるという理由だけで休暇を許可したことに不満を爆発させた。

Aさんは普段から契約に明記された範囲以外の仕事には協力しようとせず、私的な約束などがあれば、そちらを優先してしまい、途中で退勤することもある。このような勤務態度のAさんに対して、課長はどのように指揮命令すればよいのであろうか。

✓何が問題となっているのか

- 連続して休暇を取得し、他の担当者がその穴埋めをしなければならないこと。
- 周囲の日本人が外国人職員に日本人と同じことを求められないこと。
- 外国人が日本人の働き方、職場の不文律を理解していないこと。
- 上司が休暇を許可したこと。

✓どのような背景があるか

- 外国人契約職員は契約に書かれたことのみをすればよいと考えている。休暇は個人の権利であるからいつでも取得できると考えている。
- 日本人担当者は、同じ職場の目標を協力して達成していくものであるから、互いの担当業務も助け合うのが当然のことと考えている。休暇は職場で調整して仕事に影響が出ないようにするものと考えている。
- 上司が外国人に特別な対応であった。

✓2つ以上の解決策をその理由とともに提案する

- 契約書の内容の見直しをして、もっと幅広い範囲での業務説明（Description）を契約書に書き込む。
- 契約時に十分なオリエンテーションを行い、業務内容と担当者の協力関係を説明する。
- 上司が休暇の取得は、日本人担当者と調整を行うように伝える。

外国人の契約社会での働き方と日本人の家族的な働き方の違いが問題となっているのではないだろうか。その場合、日本人は業務で外国人に何を求めているのかを明確にしなければならない。業務内容を細かく書いた業務説明（Description）を作成し、文書で手渡す必要がある。もし、外国人特有の仕事のみを求めるのであれば、日本人と同じことを期待するのは難しい。もし、外国人であっても日本人と同じように職場で協力して働くことを期待するのであれば、もっと日本人の働き方や職場の不文律を教えていくべきである。

米中の大学から学ぶ人的資源管理

▼米国の大学の国際交流のディレクターの場合

知り合いのニューヨーク市立大学の国際交流のディレクターは、約100名の応募者の中から選ばれた。米国の大学では国際交流分野のディレクターのポストに百数十人がアプライするそうだ。競争してそのポストを獲得するのである。米国の国際交流分野の職員はスペシャリストであるが、良いポジションを求めて全米を渡り歩く。文化の異なった大学でもどんどん自分を売り込む。そのようにして自分のスペシャリストとしての能力に磨きをかける。知らない土地で知り合いがいなくても、それをプラス志向で乗り越えて、逆に活用したりして仕事をこなしてゆく。新しく着任したディレクターはその大学に新しい風を吹き込むことを期待されている。アメリカでは、変化への適応や異文化適応は大学の発展を支えているようだ。部下も新しいボスがくれば自分を評価してもらえるチャンスと考え、積極的に協力する文化が醸成されている。

米国の大学の国際交流部（International Exchange Office）には、Ph. Dを持つ複数の留学生アドバイザー（International Student Adviser）がいる。留学生の履修登録、アルバイト、VISAの更新、奨学金など諸問題の相談を行っている。留学生アドバイザーには秘書（Secretary）がついている。学生や大学院生のアルバイトやボランティアも出入りする。さらにアドバイザーを束ねるディレクターがいる。これらの職員の役割は、明確に規定されており、お互いに侵犯できない垣根が築かれている。そこでは資格による権限が明確に打ち出され、Secretaryはアドバイザーのためにアポをとったり、作業するのが仕事であり、ベテランのSecretaryであっても相談業務を行うことは許されない。留学生アドバイザーは、留学生アドバイジングの分野で修士号やPh. Dを持つ。2～3万人規模の積極的に留学生を受け入れる大学の国際センターでは、これらのアドバザーの数は3、4人といったところであろうか。日本のように学内で人材育成をしたベテラン国際交流職員が窓口で留学生の相談にのるといった方法はとらず、はじめから学歴等による資格のある者だけが相談業務にあたるのである。

▼中国の大学の国際交流部門の担当官の場合

学生数4万人程度の中国国家重点大学の「外事処」（外国との連絡窓口）の処長には元教員が多い。日本では授業を持ちながらの部長職兼任者が多いが、中国の場合は教員から行政管理職員へ転職して役職者となる。中には授業を持っている役職者もいるが、行政職が主体である。中国の行政管理職員は米国のようなアプライ方式ではなく、教育部（日本の文部科学省に相当）や学長などからの任命方式による。中国の教員が行政管理職員になる理由は、権限があり待遇も良いからである。中国にはかつて科挙の制度があったように、役人志向、権力志向が強いという背景がある。上位者による任命であれ、スペシャリストをそこに据えておくという点では、資格のある人を採用するという米国の考え方と一致する。中国の任命方式では、任命者との関係は明確であり、上司に対して反発があっても表立って意見を言える立場にはなく、与えられた任務を忠実に果たすことに専念するのが常である。

外事処（外国との連絡窓口）や国際交流文化合作学院（留学生の受入れ機関）のオフィスには、教員出身の外事処長や学院主任のほか、通訳担当、一般庶務、単純作業、秘書業務を行う職員がいる。処長や主任も自ら外国語を話す人が多い。中国語を外国人に教える教員が国際交流文化合作学院に所属し、留学生問題について詳しいが、主には職員が留学生の相談窓口となって、処理し、解決をはかっている。担当者の権限範囲は明確であるので、困難な問題のみを上司に報告し指示を仰ぐ。処長や主任を除く通訳と庶務担当の職員数は4～5人といったところである。

米国と中国の国際交流の部署に共通しているのは、専門職と秘書的業務のみを担当する職員がいるということだ。そしてこの専門職は、職場で育成されるのではなく、適任者をアプライ方式で雇用するか、任命するかである。職場でゼロから育成されるケースは少ない。そして上級行政管理職の任用は、学位等の資格と経歴等を組み合わせて判断される。日本の私立大学のように、担当者がその職場に長く勤めて豊かな経験があるというだけでは、上級行政管理職には任用されないのである。

外国のモジュール型組織では、個人に対しての明確な担当業務内容が提示され、権限範囲も明確であるのに対して、日本のすり合わせ型組織では、担当業務の範囲が曖昧《あいまい》で、担当業務のみでなく、組織内のすべての業務内容を知って自分で調整しなければならない。また権限範囲も不明確である。米中型と異なり、日本のすり合わせ組織の中では、高度な専門職をポジション採用したとしても、その先に専門職から管理職へ任用する筋道を提示しなければ部署の活性化につながらない。米中のようなモジュール型組織を視野に入れて、キャリアプランを示すことが、専門職の人材育成への有効な手立てとなるのではないのだろうか。

Case 24

建前重視の課長の指導

わかったつもり、でも実情が理解できてない

▼▽▼管理職

学生支援課のH課長（53歳、男性）は、課外活動、ボランティア活動、さらには奨学支援など20年以上の学生支援業務の経験を持つ職員である。現在学生支援課は、課長、課長補佐のもとに専任、非専任を含め約20名の職員がいる。H課長は、学生支援業務のみならず、学内手続のことについても熟知しており、また職場や部下の管理などマネジメントについても座学を中心にして豊富な知識を保有している。そのため物事を判断するときには「原理原則論」「あるべき論」を優先する傾向が強い。

最近、学生支援関係では、若者にかかわる薬物や消費者問題など学生事件の多様化、さらには発達障害を抱えた学生などに対応するための見直し、整備充実が課題となっていた。

H課長は、この課題に対応すべく、I課長補佐に「3カ月位を目途に整備案をまとめて提出してほしい」旨を伝えた。I課長補佐は、さっそく整備案の骨子の作成に取りかかり、意欲的な取り組み姿勢を示し、本学の学生相談体制の現状や課題、他大学の実情、文部科学省の方針等を積極的に収集し、問題の整理を行った。またそのことに詳しいJ学生支援事務部長に適切なアドバイスを得た。その後I課長補佐は、整備案をH課長に中間報告した。

この中間報告に対してH課長は「自分が指示したものと異なる部分がある」と指摘した。それに対して

I課長補佐は「その部分についてはJ学生支援事務部長にアドバイスをもらいました」と答えた。面子を潰されたと感じたH課長は、整備案の内容に触れることなく、「君の上司は私なんだから、J事務部長に相談するならするで、私に報告、相談すべきではなかったのか。組織人として当然ではないか」と厳しく叱咤した。

その数日後、H課長はJ事務部長の部屋に行き、「I課長補佐は組織を通じて仕事をすることの意味がわかっていない。彼のような監督職が組織の混乱や崩壊をもたらすものです。彼は他部署への異動が望ましいのではないか」とJ事務部長に訴えた。

J事務部長は、「それは穏やかではないね。I君も困ったものだね。組織人としての仕事の進め方などについては、君から課員に徹底的に指導し、理解させるべきではないかね。これも管理職としての仕事じゃないのかな」と諭した。しかし、H課長からは「当然のことで、課員にはいつも口が酸っぱくなるほど指導してるんですがね」という自己弁護的な返事が返ってきた。

J事務部長はこれまで、学生支援課の課員から、「H課長は、建前ばかりを言うので職場の雰囲気も息苦しい」「仕事の内容より、進め方・手続きなどの形式を重んずるのでやりにくい」「仕事上の問題があるときも、こちらの言い分を聞かず、納得できる理由を示さず、一方的に問題を指摘されるだけだ」などの不満を聞いていた。J事務部長は、H課長をどのように指導すればいいのかと頭が痛い。

✓何が問題となっているのか

・H課長の業務経験が豊かなために、経験の浅い部下の意見を素直に聞くことができない。

・部下が自分を飛び越えて自分の上司に相談したことへの不信感。

・部下の意見はすべてわかったつもりになっているために、真のコミュニケーションができていない。部下を信頼していない。

✓どのような背景があるか

・人間としての偉さと役職としての立場を混同している。

・H課長はプライドが高いので他の人からの批判、反論を許さない性格である。

・H課長は自らの失敗談をすることができない弱さを持つ性格である。

✓2つ以上の解決策をその理由とともに提案する

・J事務部長がH課長にその分野での経験を生かした講演などをやらせるなどをして、学外の様々な立場の人から本当の批判や反論をしてもらい、自分自身のプライドを自分で捨てさせる。

・H課長が管理職として、いまから部下との信頼関係を構築するためには、自ら部下に対して自分の弱みを見せたり、失敗談を話すなどにより部下との距離をつめる。

管理職としての人間性、部下を通じて仕事をすることの大切さを知らしめる。

当事者間だけでなく、日頃から課員全員とのコミュニケーションが大切。人事考課を上司からの評価だけでなく、同僚や部下からの評価や長所・短所を話し合えるシステムづくりなどが重要である。

Case 25

管理職が超過勤務にどう向き合うか？

職場マネジメントの基本、勤務時間のあり方を部下にどう説明するのか？

▼▽▼管理職

G課長（45歳、女性）は、2年前に研究所事務課長に昇任した。これまで図書館を振り出しに、研究所、学部事務室などの職務経験を経て、4年前に研究所事務課に異動してきた。まだ所管業務にも十分習熟していないが、「わからないことは知っている人に聞けばよい」というスタンスでこれまでやってきている管理職である。また、仕事上も独自の考え方に従って行動することもしない。

管理職会議で、人事課長から残業時間削減の課題が提案され、各部署とも原則として、対前年比で10%削減の要請があった。G課長が職場に戻って課員にその旨を報告すると、課長補佐以下7名の課員ほぼ全員から「それは無理だ」との声が上がった。課員から削減の理由を聞かれ、困ったあげくに「人事課の方針だからやむを得ない」と答えたが、課員を納得させることができなかった。

翌日、課長補佐から、「課員はまったく納得しておらず、このままでは業務の処理はできません。課長自身がどのように考えているのかをお話しされるべきです」と進言された。その後、G課長は人事課長に面会を求め、「残業時間の削減について、人事課の方針を伝えたが、課員の納得が得られない。どのように説明すればいいのか教えてほしい」と申し出た。それに対して人事課長から「現場の実情を踏まえて、課員を理解させていただくのが職場管理職者の仕事ではないか」と言われ、考え込んでしまった。

✓何が問題となっているのか

・G課長は人事課がこう言っているということを課員に伝えているにすぎなく、自分の言葉で説明ができていない。
・G課長が課長補佐と情報共有しておらず現状認識ができていない。
・大学全体の課題や経営状況について考えていない。そのため課員を説得する材料を持っていない。

✓どのような背景があるか

・職場として出勤時から超勤することを前提に業務が遂行されている。結果、簡単には超勤は減らない。
・担当者の仕事は個人のＰＣを中心に行われているため、課長に担当者が何をしているのかが見えない。

✓2つ以上の解決策をその理由とともに提案する

・人事課と当該部局との協議によって、さまざまな視点から超勤対象業務とそうでない業務との区別をつけ、超勤でしてはいけない業務を明確にする。
・超過勤務の多い職員がいるのは個人の職務遂行のスタンスであることも考えられる。毎日の業務が超勤を前提に日々業務に向かうことがないように課員に十分説明する。
・超過勤務の多い人がよくやっているという評価に陥りがちである。超勤の多い人の業務分析を行い、評価を厳密に行うよう管理職の意識改革を行う。

超過勤務の削減は単に業務命令だけでは成果はあがらない。逆に必要な業務を置き去りにする可能性がある。全学的に業務の省力化等の効率化策を実行するとともに、各部署内で超勤削減の必要性、方策、目標値をしっかり話し合い合意を取り付けるとともに、人事面など多方面からの解決策を探るべきである。

Case 26

役職定年者の配置転換

ベテラン職員の経験をどう生かすべきか?

Jさん（60歳、男性）は、役職定年に伴い、一般職として教務センターに配置転換された。3月まで学生支援センターで課長として勤務してきた勤続37年の超ベテラン職員である。Jさんは入職以来、学生生活支援関係の部署を経験し、学生のサポートに対して働き甲斐をもって業務にあたってきた。Jさんは、教務センターに勤務経験があり、役職定年後に勤務したい部署の1つであったため、教務センターで働くことを喜んでいた。

しかし、実際に勤務してみると、教務センターは想像以上にコンピュータ化が進んでおり、Jさんにとって別世界のような部署に変わっていた。教務センターの管理職は、Jさんに対して人柄の良さを考慮して、窓口対応を期待していたが、期待に反してJさんは部屋の奥に引きこもり、作業的な仕事しかしないようになってしまった。Jさんにとって、複雑になったカリキュラムを短時間で、十分理解することが困難になっており、間違った対応をすることが気になって窓口に立つことができない状況であった。

そのようなJさんを見て、管理職はJさんに自信を取り戻してもらおうと何度か面談を行い、さらに窓口業務のリーダーである係長をサポーターに指名してJさんの能力を引き出そうとした。Jさんは自らの能力が低下したものと思い込み、落胆した日々を送っている。

✔何が問題となっているのか

・自分の考えていた教務センターの仕事と現在の業務との格差が大きく、自信をなくし、業務にこれまでの経験を生かすことができない。

✔どのような背景があるか

・ベテランの人材活用のため、近年において定年延長が増えているが、一方で若手の人材育成のために、ポジションを後輩に譲っていく施策がとられている。そのため一旦定年した職員を嘱託職員として再雇用する大学も多い。今回のケースでは、役職定年者を一般職としてどのように活用するかということである。役職定年者の活用を本人の希望や職場の欠員のみでマッチングした結果である。業務の専門化、細分化、ＩＣＴ化などが進んでいる現状を十分に把握されなければ、問題は再発する。

・各職場においてもベテランの大学職員は、過去のことを知っているということなど、ある面では大変助かる。一方で若手の管理職にとって、管理職であった大先輩を指揮することはプレッシャーを感じる面もある。したがって、ベテランを現在と同じ職場に配置することは避けられている。

✔2つ以上の解決策をその理由とともに提案する

・たとえば、これまでの学生対応の経験を生かし、留年した学生や、単位を落として卒業できない学生などを対象とした専門の励まし、よろず相談の窓口を設けるなど、活躍の道を開拓する。

・役職定年者を一般職として配置転換する際、過去のことではなく、本人の現在の能力や適性を確認したうえでマッチングさせる。そのために面談やアンケートによる能力の再審査等を行う。

・Jさんが課長を務めた職場で、ラインではなくスタッフ的な役割で学生活動支援の業務を担当できるように配慮する。その際、課長との関係を明確にし、業務範囲も明確にする。

役職者が定年退職までポストを保持している大学もあるが、後進に道を譲るために定年より数年前に役職を降りる役職定年制度を設けている大学もある。後者の場合は、役職を降りた後も一般職として働くことになる。その場合に本人と周囲に起こってくる問題には次のようなことがある。役職定年後も同じ部署に残って働くとなると後輩の管理職はやりにくいので、他の部署への配置転換をすることになる。本人の管理職としての期間が長ければ長いほど一般職とのギャップが大きく、意識にズレが起こっている。

たとえば、担当業務の権限と自由度である。管理職時代と同じ感覚では、周囲との協調性が生まれず、共同作業ができないことになる、といったことである。また能力についても管理職として一般職の能力を評価していたときの自分自身の能力と、実際に一般職として働くとなったときに必要な能力とは異なる。客観的に自分自身の能力を再評価し直すなどの自己分析も必要である。したがって、配置転換に当たっては、本人の意向だけでなく、これまでの経験や能力を再評価することが、本人だけでなく周囲にとっても重要である。うまく行けば人材活用という面で大きな効果を生むことになる。

しかし、そうでない場合はマイナス効果を生むことがある。たとえば、往々にして役職経験者は、後継者育成に関心を持つが、一概に育成係を委任できるものでもない。これからの若者の人材育成は、先輩、同僚、後輩など多くの多様な人たちとの接触によって、変化にも対応する能力を育てることが大切である。一人の沢山の経験を持つ大先輩に頼るものではないという観点もしっかり話し合った上で委任すべきである。

Case 27

矛盾する上司の指示内容

ワーク・ライフ・バランスの実現のために

Aさん（32歳、男性）は、3年前に人事企画課に配属され、勤怠管理や人事制度などの業務を担当している中堅職員である。配属当初は人事業務にさほど興味がなく、先輩や上司から言われるままに仕事をこなしているにすぎなかった。やがてノー残業デーの実施、教職員の健康管理、安全配慮義務の履行などワーク・ライフ・バランス（WLB）の実現を目指した教職員の職場環境の整備などの業務に関心を持つようになった。実際、上司である人事企画課長は、管理職会議の席上、毎回のように健康管理や安全配慮義務の徹底やノー残業デーの実施などを呼びかけているが、なかなか実現できていない状況がある。このことについて、Aさんが上司であるB課長補佐に相談したところ、Aさんに対して、「毎回のように管理職会議で課長が説明しているところからすると、WLBの実現はまさに人事企画課が全部署に提案すべき大変重要な問題と考えざるを得ないのではないか。その実現に向け頑張ろう」と言われた。ところが、相変わらず勤務終了時間後にも種々の人事企画に関する資料の作成等について、B課長補佐からAさんをはじめ課員に指示されることが多く、毎日のように職場を後にするのは21時過ぎるのである。それでAさんは、「全部署にWLBの提案をすることも大事なことですが、『まず塊より始めよ』という言葉通り人事企画課からその実現に向けた取り組みを実践すべきではないでしょうか」と申し出た。B課長補佐からは

「人事企画課は全部署の人事企画を担当する部署なので、多忙を極めており、やむを得ないのではないか」という返事が返ってきた。Ａさんは、これではとてもこの大学ではＷＬＢは実現しないのではと落胆している。

✔何が問題となっているのか

・Ｂ課長補佐は、人事課業務としてＷＬＢ実現をＡさんに指示しながら、自職場での実現については見送っている。

・Ｂ課長補佐はＷＬＢの実現を唱えながら、具体的なアプローチや手法が提示できていない。

✔どのような背景があるか

・社会的な要請から一般企業でもＷＬＢという考え方が導入されつつあるが、現実的に実施できている部分は少ない。それは労働時間だけの問題ではなく、人的資源の不足も一因である。具体的な実現策のアイディアがなく労働時間を短縮すると、成果物が期限に間に合わなくなるといった問題が発生する。Ｂ課長補佐はＷＬＢの実現策や自職場の人的資源の実状を把握しないままＡさんに指示を出している。これでは総論賛成、各論反対の意見が出ることは必至である。

✔２つ以上の解決策をその理由とともに提案する

・ＷＬＢを実現するために、課内での各個人別の超過勤務時間の格差、障害となる課題などを共有し、業務のモジュール化を図り、それに伴う業務分担や役割分担、人的資源の開発などを新たに見直す。

・Ｂ課長補佐は、人事企画課長の方針や考え方を踏まえて、人事諸制度や諸規程をもとに、Ａさんほか課員全員で検討し、実施にあたっては、まず自らの職場からパイロットケースとして始め、全学的導入の可能性を探る。

・Ｂ課長補佐のように曖昧《あいまい》な監督職に対して、Ａさんはまず実現すべき具体的課題を提示し、Ｂ課長補佐に、その具体的課題に対する解決策を確認すべきである。それでも不明確な場合は、直接人事企画課長に相談を持ちかけるなど、課題に対しての方向性を明確にしていくことが必要である。

ＷＬＢは、雇用者側からの視点、個人側の視点があり、両者にとってのメリットは異なっているが、ＷＩＮ－ＷＩＮの関係となる共通のプラットフォームを作る必要がある。たとえば、雇用者側にとっては社会に対して企業組織の健全性をＰＲしたり、優秀な人材確保のためであったりする。個人側にとっては、出産、育児や介護などの時間を確保するなどがメリットであったりする。このように労使双方にとって、活用の仕方は多様である。

さて、大学側はどのような視点から、ＷＬＢを導入しようとしているのか。建学の精神や沿革をはじめ、大学の規模、大学の伝統や文化などによって導入の目的、実施方法が異なってくると思われる。未来型のプロフェッショナルな大学職員の育成を目指すためにそれぞれの大学にとってＷＬＢの仕組みを構築することは重要な課題である。

Case 28

有期雇用職員の業務の引き継ぎ

引き継ぐ相手がいない……?

▼▽▼非専任職員

特定業務を担う非専任職員はどうあるべきか。O大学経理課のY課長は、出張旅費計算業務を関連会社に業務委託することにした。その理由は現在3名のアルバイト職員がこの業務を担当しているが、その中の優秀なアルバイト職員Fさん（35歳、女性、銀行出身）が有期雇用（1年契約、最大3年を限度とする）の最終の3年目を迎えていたからである。Y課長はFさんの能力を高く評価し、専任職員への採用を人事部長に打診していたが、法人の採用方針としてはノーであった。このため、Y課長は、Fさんを関連会社の正社員として採用してもらい、出張旅費計算業務をその関連会社に業務委託するというアイディアを思いつき上司に提案した。そしてY課長の思惑通り、この委託業務案は採択された。

Fさんは関連会社で担当業務のリーダーとなり期待通りの働きをしたが、新たに関連会社で雇用した他の2人は経験が浅く、Fさんとの協力関係もうまくいかず、業務の負担はFさんに大きくのしかかり、職場に対する不満が徐々に増し、ついにFさんは関連会社を退職することになった。その結果、出張旅費計算業務の業務委託は解消となり、関連会社から元のアルバイト職員3名で担当することになった。

✓何が問題となっているのか

・Y課長のアイディアを実行に移す段階でのギャップがあった。「人事組織」というように能力のある人を使う組織がしっかりしていないためである。委託先の組織運営が不十分であった。
・Fさんのその業務分野の能力がきわめて高いため、Y課長は信頼しすぎた。一方でFさんがリーダーとして人をマネジメントする能力に欠けていた。
・Y課長は委託業務に対する関連会社へのコミットメントが欠けていた。

✓どのような背景があるか

・専任でやらなければならない業務と非専任の業務との区別を明確にし、非専任の担当する業務を増加することで人件費の節減をはかる。業務委託はその一貫である。

✓2つ以上の解決策をその理由とともに提案する

・1名のアルバイト職員に頼らずに、エキスパートやスペシャリストを契約職員として雇用する。
・契約職員2名を雇用し、複数担当制とし、契約期間を半減上陸方式とし業務を引き継ぐ。

特定業務を委託する場合は、丸投げにならないように業者との十分な話し合いと業者選定が非常に重要である。今回の事例は業務委託先が大学の関連会社であったにもかかわらず、十分な配慮ができなかった。委託時の話し合い、業務の確認が不十分と考えられる。

非専任職員の現状と課題

２０１９年から18歳人口の漸減が始まると、大学の経営環境はさらに厳しい状況となる。すでに私立大学では様々な生き残り策が実行に移されている。その１つが人件費の抑制である。多くの大学で消費支出の50％前後を占めるのが教職員人件費である。教職員人件費の30％程度が職員の人件費で、最初に人件費の削減対象となるのが、非専任職員人件費である。大学における職員業務が高度化、専門化、多様化するとともに、業務量そのものも増加しているにもかかわらず、ほとんどの私立大学では財政上、専任職員を増員することが困難であるために、嘱託職員、契約職員、派遣職員、そしてパートタイム職員等の非専任職員にその代替を委ねざるを得ない状況となっている。

非専任職員はそれぞれ雇用契約が定期的に更新され、最長3年間から5年間で雇用期間が終了する。給与はそれぞれで異なるが、多くは大学卒で、中には修士号を持つものもいる。そういう意味では、非専任職員の能力は、専任職員と大きく変わらない。担当業務は、主として専任職員の補助業務であるが、特定の能力を持つ職員には、専門性のある業務が任されている。

これら非専任職員の最大の問題は有期雇用であり、長期的に人材の有効活用ができないこと。退職を引き止めるリテンションが難しいことである。非専任職員の業務は、補助業務もしくは最初に契約で定められた業務であり、当然専任職員が把握した上で、非専任職員に与えられているものである。したがって、本来は非専任職員が退職しても引き継ぐ必要のない業務であるはずである。しかしながら、実際には引き継ぐ必要がある。能力の高い人は、正規社員になって退職していくことを引き止める方法はない。

特に専門性を有する非専任職員を雇用する場合には、雇用期間、業務範囲は、最初に明確にして、雇用者側と本人で確認しておかねばなければならない。また職場全体の運営の中で、身分や待遇の異なる職員が共に働くことは、とかく対立が生まれたりや団結が乱れる原因となりかねない。このようなことを防ぐために、大学の非常勤講師が専任教員になっていくように、大学職員の場合でも非専任職員が一部専任のテニュアトラックに進む道を設けることが望ましいと思う。

Task 1

シミュレーション課題

教員と言い争った中堅職員

Aさん（男性、35歳）は、3年前に文学部事務室に配属された職員である。Aさんは、もともと物事をきちっと整理して、正確に仕事を処理することができる職員である。ただ、性格的に自分の考え方や価値観にこだわるところがあり、自分の考えと合わない相手に対しては激しく相手を攻め立てることがある。

夏休み明けに開かれた文学部の執行部会に事務担当としてAさんが出席した。カリキュラムの改革に関する問題についてのX副学部長の意見に対して、Aさんは突然反対意見を述べた。X副学部長は感情もあらわに、Aさんに対して、「事務職員であるあなたが意見を述べるべきではない」と言い、厳しく叱責した。Aさんも負けじと、「本学のこれまでの教務事務の手続きなどの点から、X副学部長の意見は正しくない」と反論した。一時執行部会は騒然としたが、文学部長が間に入って、何とかその場は治まった。X副学部長もAさんもともに、釈然としないといった表情で、2人とも憮然としていた。

その日の夕方、Aさんは職員仲間数人と飲み会に行き、昼の会議のことが話題になった。Aさんは自論を展開しつつ、X副学部長の意見が間違っていることを主張した。Aさんの話を聞いていた仲間のうち何人かは、「いくら学部の内部の会議とはいえ、教育に関する事項で、教員にいきなり反対意見を述べるのはいかがなものか」と助言する者もいたが、Aさんは「教員であれ、職員であれ、間違っていることは間違っているとはっきり言うべきだ」と得意満面に話していた。

３週間ほど経ったある日、文学部長が、Ａさんの直属の上司であるＢ事務長とＣ教務事務部長を文学部長室に呼んだ。「先ほどＸ副学部長から連絡があり、先日の執行部会でのＡさんとＸ副学部長とのやり取りが外に漏れているとのことだ。複数の学部の教員から、Ｘ副学部長に連絡があったようだ。どうやらＡさん自身が、職員の仲間との飲み会か何かで大演説を行ったらしい。Ｘ副学部長は、『守秘義務も守れないＡさんみたいな職員がいれば安心して仕事ができない。年度の途中であるが、今すぐにでもＡさんを他の部署に配置転換すべきだ』とかなりご立腹だ」とＸ副学部長からの話の概要を説明した。さらに、文学部長からは、「この話はどうやら多くの文学部の教員の耳にも入っているようだ。このまま放置すれば、Ａさんのみならず、事務職員に対する信頼感が著しく低下し、これまで築いてきた信頼関係が崩れるのではないかと危惧している。年度途中でもあり、極めて困難なことであると思うが、Ａさんの配置転換を含めて何らかの対応を考えてもらえないか」とお願いされた。

さて、Ｂ事務長とＣ教務事務部長はどのように対応すればよいのか。

✔何が問題となっているのか
✔どのような背景があるか
✔２つ以上の解決策をその理由とともに提案する

Task 2

シミュレーション課題

異動できない課長代理

学生支援センター課長代理のAさん（37歳、男性）は、勤続15年が経過する。最初の配属先は教務センターで、そこで3年勤務したあと、現在の学生支援センターに勤務している。ここでの勤務成績が評価され、3年前に課長代理に昇任した。Aさんの悩みは、このセンターから異動できないことである。Aさんは積極的な性格で、将来のキャリアプランを考えて、数年前から、法人系の業務を経験したいという意志を持っている。ところが、現在、このセンターではAさんが、一番勤続年数が長くなり、すべての業務を把握しているため、同僚はもちろん管理職までがAさんを過度に頼りにするようになっている。また、人事異動で職員の入れ替わりがあるものの、Aさんよりも若い年齢の職員ばかりで、Aさんが安心して業務の引き継ぎを進められる職員がいない状況である。

同センターに所属する職員は管理職を含め、Aさんを全面的に信頼しており、何かにつけてAさんに質問する状況が続いている。また、他部署の職員もAさんに確認すれば間違いないという思いから、Aさんを名指しで問い合わせるという状況である。

Aさんはこんな状況から逃れるため、直近3年連続で異動願いを提出しているが、いずれも認められずモチベーションを維持することに悩んでいる。このため、最近では仕事上、再三ミスを起こすようになってきた。Aさんは誠実で、前向きな性格であり、自分が長期間在籍していることが原因で、他の職員が成長できないと感じており、目標管理や人事考課の面接の際に、管理職に対して再三にわたって異動を訴えている。

人事課は、職員の能力向上を図るために計画的な人事異動を実施するという目標を掲げている。Aさんについても、Aさんの将来や同センターの人員構成を考慮して、Aさんを異動させなければならないという考えを持っている。しかし、同センターの管理職が「Aさん抜きでは円滑な業務遂行ができなくなる恐れがあり、他の職員がもう少し成長するまでAさんを異動させないでほしい」と訴えてくるので、人事課の管理職も、Aさんを異動させることにリスクを感じている。また、Aさんの後任として適切な職員が見つからないことなどからAさんを異動させることについて躊躇し続けている。

✔何が問題となっているのか
✔どのような背景があるか
✔2つ以上の解決策をその理由とともに提案する

おわりに

大学を取り巻く環境はめまぐるしく急速に変化している。あらゆる分野で知識・情報・技術の活用が求められ、とりわけＩＣＴ化やグローバル化が変化を加速させている。中央教育審議会答申「学士課程教育の構築に向けて」（２００８年12月）では、これからの大学事務職員には、「例えば、コミュニケーション能力、戦略的な企画能力やマネジメント能力、複数の業務領域での知見（総務、財務、人事、企画、教務、研究、社会連携、生涯学習など）、大学問題に関する基礎的な知識・理解など」の資質・能力が求められているとしている。実際のところ、インストラクショナル・デザイナー（教育方法の改革の実践を支える人材）、研究コーディネーター、学生生活支援ソーシャルワーカー、大学の諸活動に関するデータを収集・分析し、経営を支援する職員といった新しい専門性を持った大学事務職員が出現している。また、財務や教務といった従来からの業務領域においても、期待される内容・水準は大きく変化しつつある。

このような状況の下、大学事務職員の人材育成が重要な課題として注目されている。先を見通しにくい厳しい経営環境のなか、前例通りに職務遂行においても、人材育成においても、正解は一つといった状況ではなくなってきている。複雑に絡み合う諸条件、多様化する個人のニーズを踏まえつつ、それぞれの職員のキャリア形成という視点を念頭に置いて人材育成に取り組まなければならない。

私たちは、あるとき居酒屋で酒を酌み交わしながら、これからの大学のあり方、そしてそこでの大学事務職員の役割はどうあるべきかをめぐって議論をしていた。とりわけ、大学事務職員の人材育成がますます重要になってくるが、困難の度合いを深めるばかりだと嘆いていた。環境変化の速さ、人材の多様化などを背景として、人材育成はこうあるべしという方程式は描きにくくなってきていると。このような時代では、正解というコンセプト自体成り立たないのではないか。むしろ日常の職場でよく起こる事例、それも失敗事例から学ぶというケーススタディがふさわしいのではないか。私たちのこのような思いが今回の小冊子を発刊するきっかけとなった。集めた事例は、私たちがそれぞれの職場で実際に経験したもので、個人が特定されないように工夫したものである。おそらく読者の職場でも日常よく見聞きする事例である。なかには解決の困難な事例も含まれているが、このケーススタディでは、このような事例に出会った時にどう考えるかという試案を提供したものである。

大学事務職員の人材育成を考える皆さんにとって、何らかの参考になれば筆者にとって望外の喜びである。本小冊子をお読みいただいた皆さんから、様々なご助言やご批判をいただければありがたい。

2014年6月

澤谷　敏行
五藤　勝三
河口　浩

澤谷 敏行（さわたに・としゆき）

関西学院大学国際連携機構事務部長

関西学院大学経営戦略研究科修了（MBA）、蘇州大学大学院中国現当代文学研究科修了（MA）。1973年（昭和48年）関西学院入職、図書館、法学部、学長室、国際センター、入試部、教務部、言語教育研究センター、キャリアセンター、高等教育推進センターを経て、2013年（平成25年）4月より現職。1991年フルブライトIEAプログラムで米国大学視察に参加、大学行政管理学会会員、元大学行政管理学会副会長・西日本支部長、2008年（平成20年）大学行政管理学会第3回孫福賞受賞、日本労務学会会員。

主要業績に、『こんな中国人、こんな日本人』（共訳・編、関西学院大学出版会、2001年）、『大学事務職員のための日中留学交流の手引き』（共著・編、関西学院大学出版会、2005年）、『大学教職員と学生のための中国留学・教育用語の手引き』共著・編、関西学院大学出版会、2010年）、『増補改訂版 留学生受入れの手引き』（共著、JAFSA（国際教育交流協議会）、2012年）、「ビジネスモデルからみた卒業生就職支援の課題――非営利と営利の共生」（『大学と学生』第71号、日本学生支援機構編、2009年）、「失敗事例から学ぶ人材育成（事例研究）」（『大学行政管理学会誌』第10号、共著、2006）、「失敗事例から学ぶ人材育成（事例研究　続編）」（『大学行政管理学会誌』第12号、共著、2008年）、「外国人留学生の就職問題をめぐって」（『大学行政管理学会誌』第14号、2010年）、など。

五藤 勝三（ごとう・かつみ）

学校法人関西大学法人本部長

関西大学法学部卒。1977年（昭和52年）関西大学入職。23年間にわたって人事制度、研修制度、福利厚生業務等を中心に人事部門の業務を担当し、この間、研修制度の再編、学内年金制度の構築、人事制度の再構築などを手掛けてきた。その後、学生生活支援部門を経て、2010年（平成22年）4月より現職。大学行政管理学会会員、元大学行政管理学会常務理事、シニア産業カウンセラー、特定社会保険労務士、労働審判員など。

主な業績に、『私立大学マネジメント』（「第11章 学生生活への支援」、社団法人私立大学連盟編、共著、2009年）、『大学職員ナレッジ・スタンダード』（「大学業務知識編Ⅲ 第5章第1節」、社団法人日本能率協会、共著、2011年）、「失敗事例から学ぶ人材育成（事例研究）」（『大学行政管理学会誌』第10号、共著、2006年）、「失敗事例から学ぶ人材育成（事例研究 続編）」（『大学行政管理学会誌』第12号、共著、2008年）、など。

河口　浩（かわぐち・ひろし）

甲南大学大学事務部長

関西大学社会学部卒。1980年（昭和55年）甲南学園入職。会計課、経済学部事務室を経て、総務部人事課、人事部人事課、人事部給与課において管理職として、職員職能資格給制度、職員研修制度の導入に参画。その後、財務部次長、同部長、2012年（平成24年）10月人事部長を経て、2013年（平成25年）9月より現職。大学行政管理学会会員、元大学行政管理学会理事。

主な業績に、「失敗事例から学ぶ人材育成（事例研究）」（『大学行政管理学会誌』第10号、共著、2006年）、「失敗事例から学ぶ人材育成（事例研究　続編）」（『大学行政管理学会誌』第12号、共著、2008年）、など。

大学職員のための人材育成のヒント

失敗事例から学ぶケースワーク28の視点

2014年6月30日 初版第一刷発行
2017年7月20日 初版第三刷発行

著　者　澤谷　敏行
　　　　五藤　勝三
　　　　河口　　浩

発行者　田中きく代
発行所　関西学院大学出版会
所在地　〒662-0891
　　　　兵庫県西宮市上ケ原一番町1-155
電　話　0798-53-7002

印　刷　協和印刷株式会社

ISBN 978-4-86283-163-7